人間関係をよくする話し方&例話

学校例話研究会 編

学事出版

はじめに

人間は、生まれてからは必ずある集団の一員となります。最初は家族であり、成長するにしたがって近所の人々（子どもたちを含む）、もっと広い地域の人々、さらに、学校、職場、社会と、その集団の大きさや規模はどんどん広がっていきます。それに伴って他人とかかわり、人間関係を構築することがいやおうなく必要となります。つまり生活していくためには、人間関係を円滑にするとともに、それをどううまく機能させていくかということが大切なのです。

人間関係の問題には、家庭における親子関係、夫婦関係、職場での上司・同僚・部下との関係、友人関係など様々なものがあります。これらの間でコミュニケーションにギャップが生まれ、会話や対話もスムーズにいかなくなれば、当然、人間関係もうまくいかないどころか、反感や対立、無視、ハラスメントなど、ネガティブな感情や現象が起きてきます。

現代社会は、コミュニケーションを重視しながら、相手を思いやり、互いを尊重しあうような「心の相互交流」が、ＳＮＳなどでも見られるように乏しくなっていると感じるのは私だけではないでしょう。

本書は、第Ⅰ部において、人間関係をつくるために必要なことは何か、どう考えどう行動すればよいか、それを話し方としてどう具体化するかなどを10章構成でまとめました。たんなる講話・例話づくりの技法ではなく、話を伝えるベースとなるコミュニケーションの前提である「人間関係づくり」に焦点を当てた、学校関係者のみならず、どんな立場・組織の人にも役立つ内容です。

第Ⅱ部では、実際の話の事例を31編収録しました。「心をつなぐ講話」例として、やさしい心や思いやり、社会性の育成、自己肯定感などが盛り込まれた講話（例話）を収録しました。小学校や中学校向けにつくられたものですが、話の内容としては普遍的に使えるものだと確信しています。

本書が、コミュニケーションや人間関係を向上し、人々の心や社会を豊かにする一助となれば幸いです。

学校例話研究会

もくじ

はじめに 2

第Ⅰ部 「人間関係をよくする話し方」編 11

第1章 人間関係の大切さ 12
1 ホーソン・リサーチから人間関係がはじまった 13
2 人間関係と説得の難易 16

第2章 明るくよいものの考え方 20
1 話し方の根本 21
2 明るく考えよう 23
3 微笑を投げかけよう 27
4 微笑のない日本人 28
5 ほんとうの微笑は目にあらわれる 30

第3章　積極的に挨拶をしよう　31
1　日本人の挨拶　31
2　家庭での挨拶　34
3　指導者としての挨拶　35
4　挨拶の効用　38
5　挨拶は明るく声に出してハッキリと　40
第4章　ほめことばを使おう　42
1　ほめことばの効用　42
2　ことばの暗示のもつ力　45
3　ほめことばは才能を伸ばす　46
4　ほめことばの使い方　47
第5章　名前をおぼえ、名前を使おう　50
1　名前は第二の自分　50
2　名前をおぼえて使うと、人は驚くほど感激する　51

3　名前を使うとなぜ人間関係がよくなるのか　53
4　アンドルー・カーネギーの成功の秘密　54
5　顔と名前をおぼえるには　55

第6章　相手に話させよう　57

1　ことばの技術　57
2　人は話したがっている　58
3　何を話させるか　60
4　積極的に聞け　61

第7章　他人のことに関心を示そう　64

1　関心を持つのは自分のことだけ　64
2　人から関心を持たれたいと望んでいる　65
3　部下の作業意欲は管理職が部下に示す関心に比例する　68

第8章　相手の価値を認め、重要感を満たす　71

1　親しみを深めるには　72

2　相手の重要感を満たす　73
3　重要感を満たす話し方　74

第9章　命令の与え方　79
1　質問話法を使って相手の自主性を尊重する　79
2　正確に実行させる　82
3　目的（何のため）だけは忘れない　84
4　こういう命令は紙に書く　85

第10章　してはいけない話し方の二原則　87
1　第一原則　相手の自尊心を傷つける言い方をしない　87
2　第二原則　ことばの行き違いをなくすことにこころがける　91

第Ⅱ部　「心をつなぐ講話」編　95

1　たくさん「ありがとう」と言える1年にしよう　96
2　言葉遣い・場にふさわしいマナーについて　98
3　三つの「カエル」　100
4　小さな力を集めよう　102
5　いろいろな「もの」の見方　104
6　「つながり」と「折り合いをつける」子どもに　106
7　「よむ」ことは学ぶこと　108
8　残り姿を美しく　110
9　見えない星　112
10　実るほど頭を垂れる稲穂かな　114
11　「出す力」と「合わせる力」　116
12　読書は頭と心の食べ物　118
13　見方で変わる「北風と太陽」　120
14　見えないものが見える人に　122

15 「別れ」と「成長を確かめる」3月 124
16 笑顔のあふれる明るい学級をつくろう 126
17 お天道様が見ている 128
18 「見ると視る」と「聞くと聴く」 130
19 幸せへの道しるべ 132
20 五十年ぶりの級友との再会 134
21 笑顔の伝染 136
22 大きな「金平糖」になろう 138
23 義務を果たす 140
24 「中秋の名月」から学ぶもの 142
25 「ワン・フォー・オール」の心を持って！ 144
26 文化祭に寄せて 146
27 幸福の王子～ほんとうの愛とは～ 148
28 Nカードに学ぶ 150
29 人に必要とされる存在になるということ 152
30 スポーツと心 154
31 守ってあげたい 156

第Ⅰ部

「人間関係をよくする話し方」編

第1章　人間関係の大切さ

話の準備のしかた、話のまとめ方、切り出しの技法、内容を具体化する方法、話を立体的にする方法、説得の話法、笑いを引き出す話法、聞き手の分析といったことを知り、実行することでよいスピーチをつくることができます。しかし、実際にはこれだけで十分ではありません。また、こうした技法をまったく知らなくても聞き手が夢中になって聞き、万雷の拍手を浴びることさえできるのです。それは話し手と聞き手の間に豊かな人間関係があるかどうかによるのです。

人間関係が豊かで良好である、ということを簡単にいいますと、相手に好かれているといったらいいでしょうか。たとえ素晴らしい話をしたとしても、聞き手に嫌われていたなら、話を聞いてもらうこともできないし、たとえ聞いているようにみえても、話の内容ではなくて音としてしかたなく聞いているのです。

1　ホーソン・リサーチから人間関係がはじまった

この人間関係ということが、重要視されるようになったのはアメリカでの「ホーソン・リサーチ」の結果からです。これは20世紀初頭、ウェスタン・エレクトリック・カンパニーのホーソン工場で、生産性の向上のために調査と実験が行われました。これまでは、労働条件の変化によって作業能率が変わると考えられていました。つまり、**働く条件をよくすれば生産は上がり、悪くすれば生産は下がる**というのが定説でした。これを裏づけるために、何千人のリレー（継電器）を組立てている女子工員のなかから、５人が選ばれました。

そして、実験のために一般の女子工員と切り離された部屋で作業し、労働条件をいろいろと変化させてその結果が観察されました。それまでは休憩時間がなかったのに、午前・午後それぞれ５分の休憩が与えられました。１日の作業時間が10分減ったのですが、１日の生産量は増えたのです。そこで、この休憩時間を倍にしてみました。作業時間は20分減ったのに、生産量はさらに増えました。さらに、午前の休憩時間を15分に増やし、しかもコーヒー・サンドイッチ・スープを会社負担で支給したのです。午後の休憩時間10分のあいだにも茶菓を出すなど実質の賃金をあげたことにしますと、さらに生産量が伸びたのです。

つぎに、終業時間が午後5時だったのを、30分短縮し、さらに30分短縮して、終業時間を4時にしてみました。作業時間はずっと少なくなったのに、生産は伸びたのです。

このように労働条件を改善することによって、作業能率が上がり生産量が増えていきました。経営者や学者たちは定説通りの結果に満足しました。つぎの時期に、こんどは作業条件をだんだん悪くしていく実験をしました。午後4時までの終業時間を1時間延長して5時にしました。休憩時間を廃止し、会社からの軽食の支給も中止しました。こうした労働条件の悪化と実質賃金の引下げにもかかわらず、落ちるはずの生産量が落ちないのです。さらに条件を悪くしていきましたが、生産量は下がらないのです。この現象を見た学者たちは首をかしげてしまい、なぜなのかと考えました。

人間がやる気を起こし、能率を高めるのは物質的な条件だけではなく、もっとほかに何かがあるのではないか？　こういう観点から研究を重ねたのです。

その結果、**人がやる気を起こすかどうかは、仕事や働く環境がそこで働く人たちにとって、どういう意味をもっているかが非常に重要である**ということを発見したのです。この実験にあたった女子工員は

① 自分たちは多くのなかから選ばれた5人である。

② 会社の経営を決める重要な仕事をするのだという喜びに満ちていた。

③ 仕事をするとき他の人たちと違った部屋を与えられた。

④　作業条件を変えるとき、かならず前もって意見をきき、それをとりあげてくれた。
⑤　意見を聞くときに、友人の見たこともない重役室を使わせてくれた。
⑥　うるさいことをいう監督がいないで、自主性を尊重された。

このような一連の喜びが、条件の悪化を克服して生産量を高めていったのがわかったのです。これは『わたしたちは人間として尊重された』という喜びの叫びだったのでしょう。ここから「人間を人間として尊重する」ことの大切さが認識され「**人間関係（ヒューマン・リレーション）**」ということばが生まれたのです。これからモラールの高揚のために、管理者・経営者の人間関係技術の研究がすすみ、生産性の向上に大きな力をもつのは社内の人間関係を豊かに良くすることが必要なことがわかりました。

新聞配達から努力してナショナル金銭登録機の社長となったスタンレー・アレンという人は、「今日世界で一番役にたつ人間は他人と協調する方法を知っている人間である。人間関係は人生という広い教育課程の中で最も重要な科学である」と述べています。

また、産経新聞の社長だった水野成夫さんは、「わたしのたった一つの身上は友人だよ。先輩や年寄りに可愛がられ、よい友達をたくさんもっていることだ。ぼくはわがままでしたい放題をやる。が、自慢できることは、かつて友人から絶交されたことがない。これは何十億の貯金よりたしかだ。そして何かやるときにはこれらの人達がいつも応援してくれる」といっています。

こうした人間関係の処理方法を知らずにいたのでは、リーダーとしての資格がないのではないでしょうか。

2　人間関係と説得の難易

わたくしたちは毎日ことばをつかって話をしています。話がなければ生活はできません。とくに学校では、教職員の働きをとおして、学校経営をすすめています。いいかえると教職員との間に豊かな良い人間関係がないと、説得はうまくゆきません。もし人間関係が悪いとすれば、あなたの意見・考え・説得は成功しないといえるでしょう。

もちろん「説得の話法」を勉強し、応用することも大切です。しかし、その前提条件として、豊かな良い人間関係を作ることが大切になります。相手に好感をもたれていなくては、いくら技術ばかり巧みであってもとても説得が成功するとはおもわれません。

テレビの番組とタレントのことを考えればすぐわかることです。演技や歌は多少下手でも、自分の好きなタレントのでてくる番組は、時間の都合をしても見る努力を払います。しかし、演技や歌がうまくても、自分の嫌いなタレントがでてくれば、きっとチャンネルを切り替えてほかの番組をみることでしょう。

人間関係といいますと、自分対他の人との関係を意味します。自分対妻、自分対子供・親・兄弟、自分対同僚・先輩・部下などさまざまなものを含んでいます。そして、これらの人間関係は、五段階に分けて考えてみるとよいでしょう。最もよい五段階から、最も悪い一段階までの五つに分けられ、それぞれ説得するとき次のように変わってきます。

第一段階は相手が敵意をもっているという間柄です。この場合は自分のいうことなど聞いてもらえません。お金の貸し借りを例にしてみます。

「すまないけど、五千円ほど貸してくれないか。買物を頼まれたのに財布を忘れてきてね」「え、金か？ 金なんかないよ。さっき見た？ なにいってるんだ。金はいくらもあるが、おまえに貸す金なんかないよ！ おまえに貸すくらいなら、火をつけて燃やしてしまうさ」

なにしろ嫌われたら十円の金さえ借りられません。

第二段階も敵意はありませんが、あいつはいやなやつだと思われている場合です。その場合は、「返すときは倍にして返すから」などと条件をつけなければまず説得はできません。

	人間関係の段階	説得の難易
5	最もよい（信頼し合っている）	一言でＯＫ
4	よい（互いに信用している）	比較的楽である
3	普通（よくも悪くもない）	大変な努力がいる
2	悪い（嫌われている）	条件をつけないと不可能
1	最も悪い（敵意をもっている）	説得は不可能

第三段階は、よくも悪くもないというので、初対面の人ということになるでしょう。あ

なたでも見ず知らずの人から、「恐入りますが、ちょっと千円貸していただけませんか」といわれても、まず貸さないでしょう。貸してもらうためには、身分証明書を見せたり、借用証書を書いたり、時計やコート等を担保にしたりしなければならないでしょう。この第三段階では大変な努力をしないと説得ができないのです。

第四段階では、比較的仲のよい友人から、「金を落としたらしいんだが、あしたまで五千円貸してくれないか」といわれた場合です。

この段階は、あなたのことを信頼している最もよい段階です。この段階になれば一言声をかければいいのです。

「金を少し貸してくれないか」

「金？　いくらいるんだい」

「五千円もあればいいんだが」

「五千円でいいの、よかったら一万円もっていけよ」

と、金のいる理由も、いつ返すかも聞かないで貸してくれます。つまり相手はあなたを信頼しているからです。このよい例は、お互いが恋愛関係にあるときですが、人間関係はそのときは第五段階でも、放っておくと変化してしまうのです。

いま奥さんとの人間関係がどこの段階か、家に帰って試してみればわかるでしょう。

「疲れたな、ビール持ってきてくれる」といったとき、「ハイ、何本飲まれますか？　2

本しかないのでもっと飲まれるなら酒屋に電話しますよ」といってくれるなら第五段階ですが……さて、どうでしょうか。

あなたが一生の間にできる仕事は、あなたのもっている「人間関係の量と質」によって決まるといってもいいと思います。第五段階、第四段階の人をあなたはどれだけもっていますか。この段階の人が増えれば増えるほど、あなたは仕事に成功することができ、精神的にも経済的にも豊かになることができるのです。

第2章　明るくよいものの考え方

あなたが一生の間にできる仕事は、あなたが持っている〈**人間関係の質と量**〉によってきまるということを前章で申し上げました。あなたは第五段階、第四段階の人をどのくらい持っているでしょうか。

ところで、尾張の貧しい農民から関白太政大臣となり、太閤として天下を握った豊臣秀吉が成功した秘訣はどこにあったのでしょうか。もちろん卓越した創造力や抜群の行動力や先見性という天性の資質もあったし、寝食を忘れての努力の賜物であったこともいうまでもありません。しかし、この豊臣秀吉を日本一の出世頭にした最大の要因は、人に好かれる陽気な性格と、人情の機微を心得た人間関係づくりだったと思います。

このように**人間関係をよくするには、まず明るくよいものの考え方を身につける**ことから始まります。

暗くわるいものの考え方をなるべく避けるようにしたいものです。

1　話し方の根本

話というものは、口先の技術ではありません。話をしている人の全人格のあらわれであり、その人の心のあらわれといっていいと思います。それだけに「**ことばの前に心あり、ことばの後に行動あり**」ということが大切です。

話し方の根本には、なによりも自分が話したことについては、自分の行動で裏づけるということがあります。言い換えると、誠実であることでしょう。話の場合の誠実さというのは、自分のいったことは必ず実行するということ、つまり約束を守るといってもいいでしょう。つまり、**ことばの後に行動あり**ということです。

中国では、人を評価するときに四つの物差しをつくっているそうです。

まず人間として最も立派なことは**有言実行**の人であるということです。いうべきことはしっかりといい、自分のいったことは確実に実行するという人です。二番目は、**不言実行**の人です。いうことはいわなくても、自分のすべきことはきちんと、果たすという人です。しかし、いうべきことをいわないのでは責任がはっきりしてきません。三番目は、**不言不実行**の人です。これはいうこともいわないし、やることもやらないという人ですから、評価は低いわけです。そして、最も悪いのは**有言不実行**の人です。いうことはなかなか結構なことをいうが、なにも実行しないという人です。こんな人はだれも相手にしてもらえません。

自分のいったことは実行し、約束は守らなければいけません。信用の『信』という字はニンベンに言うと書きます。つまり人間は自分のいったことばを守ってはじめて信用されるということです。しかし、世の中にはいうことは非常に調子がいいが、さっぱり行動で裏付けないという人も多いのです。

「やあ、昨日おいしい店を見付けたんだ。大きな店ではないけれどシェフの腕が良くてね、まったくほっぺたが落ちるというのはあのことだよ。今度一緒にいこうや」

「珍しくおいしい寿司やを見つけてね、生のいい魚を目の前でさばいてそれで握ってくれるんだよ。今度連れてってやるよ」

いつもこんなことをいいながら、一度も連れていったことがないという人がいます。こういう人は、まず信用はされないでしょう。それどころか『まったくあいつは口ばっかりで、調子が良くて、一度だって実行したことはないんだから、ああいうのを（うどん屋の釜）というんだ』などといわれます。うどん屋の釜と言うのは、湯（ゆう＝いう）ばっかりだという意味です。

もし、友人から「女房が急に入院して金がいるんだが、15日にはきっと返すから金を貸してもらえないか」と頼まれれば、多分貸してあげるでしょう。本人が15日になったら返すというのですから、15日になれば返してくるものと思います。ところが20日になってもなんの音沙汰もないので「どうしたんだ、こっちも都合があるので貸した金返してくれよ」といいますと、「いや、悪かった。明日返すから」、こういっても次の日に返さない。何度催促しても返さないとしたら、こんな男のいうことなど、二度と聞こうとは思わないでしょう。約束は守らなければいけません。

もう一ついいたいことは、時間を守るということです。日本人は非常に勤勉で、働きバチなどといわれていますが、時間にはまったくルーズな人も多いのです。会合でも定刻に始まることは珍しく、「○○時間」というのがあって、通知された時間から30分も経ってから始まったりします。そこで主催者が時間を早めに設定して、実際に始まる時間の30分前にして通知を出すのです。これでは時間通り来た人はたまりません。こうした悪い習慣はぜひなくしたいものです。

約束ひとつ実行できない、時間ひとつ守れないのでは、社会人としては失格です。どんなに口先がうまくても、自分のいうことは聞いてもらえません。自分のいったことは必ず行動で示すということが話し方の根本なのです。

2　明るく考えよう

つぎに考えなければいけないのが「**ことばの前に心あり**」という、心についての問題です。前にも述べましたように、わたくしたちのことばや行動は心の表れだからです。よい心から、よい話し方が生まれるといってもいい過ぎではありません。ぜひ、明るくよいものの考え方、心のもちかたを身につけたいものです。よく、「なくて七癖」といわれますが、人間にはいろいろな癖があります。書いている字を見ても、右上りの人と右下りの人とがいます。また、雨の日など、はねのあげ方も人によっていろいろです。右足側だけの人、左足側だけの人、中には非常に派手に両方の足ではねをあげる人もいます。

靴の履きかたもそうです。ご自分で靴を履くときにちょっと注意してみてください。右足から先に履くか、それとも左足から履くか。実はいつも、無意識のうちに同じ足から履いているはずです。今日は気分が良いから、左足からにしようなどということはまずありません。この癖というのはしぐさや行動だけでなく、ものの考え方でも同じことがいえます。同じ事柄にぶつかっても、明るくよいものの考え方のできる人と、暗く悪くしか考えられないという人に分かれます。

例えば、友人から海外旅行のおみやげに本場のスコッチウイスキーをもらったとしましょう。毎日家に帰ってはチビリチビリと大切に飲んでいましたが、気が付いてみると半分くらいになっていました。

これを見て、あなたがものごとを明るくよいほうに考える人なら、「いや、ずいぶん飲んだつもりでいたが、まだ半分も残っている。これでまだ当分は楽しめるな、ありがたいことだ」と考えるでしょう。

もし、ものごとを悪い方に考える人であれば、「なにー、もう半分しかないのか。いつの間にこんなに飲んだんだろう。こんなに飲んだ覚えはないのになあ。きっとだれか俺のいないときに飲んだ奴がいるに違いない。よーし、明日から瓶に目盛りを付けておこう」と思うかもしれません。

いくら目盛りを付けたとしても、ウイスキーは増えるわけではありません。毎日の人生を送るのにどちらが楽しく送れるでしょうか。いうまでもなく明るくよいものの考え方をする人でしょう。こういう人は他人からも好かれるでしょうし、自分自身も気持ちのよい毎日が送れると思います。

もう一つ、こんな場合はどうでしょうか？

一日の仕事が終わって家に帰りますと、いつもは奥さんが、夕食の支度をきちんとして待っています。そしてすぐ食事をすることができるわけです。ところが、ある日のこと、「ただいま」と家に帰りましたが、食事の支度が全然できていないのです。

さあ、これを見たあなたはどう考え、なんといいますか？

わたしなどはまだまだ人間ができていないので、ともすると暗く悪く考えてしまうことがあります。

「おい、なんだまだ食事の用意してないのか。一体おまえ一日なにしてるんだ。また、テレビばかり見ていたんだろう。俺は外で一生懸命働いているんだ、食事の支度くらい帰る前にきちんとしておけよ」というようなことをいうでしょう。

こうなると相手にも言い分はあります。

「なんですって。冗談じゃありませんよ。毎日もっと遅く帰っているのに、たまに連絡もなく早く帰ってきたくせになんといういいかたですか。だいたいあなたの帰る時間はいつもまちまちで全然分からないじゃないですか。隣のご主人のように毎日きちんと帰るか、あるいは帰る時間を連絡してくださいな」といわれます。

もし、明るく考えたとすれば、

「ただいま、あれ、まだ食事の支度できていないの。なにか忙しいことでもあったんだろう。前から一度食事の支度を手伝ってみたいと思っていたんだ。いいチャンスだから手伝うよ、なんでもいってごらん」

こういえば、たぶん奥さんのほうも「あら、ごめんなさい。遅くなってすみません。ちょっと洗濯もののアイロンかけをしていたら時間がたって。すぐしますから、ちょっとビールでも飲んで待っていてください」ということになると思います。

こういわせるのが目的ではありませんが、もし、「あら、手伝ってくださるのですか。それではそこの……」といわれるようでは、よほど奥さんとの人間関係が悪いと思わなくてはいけません。

よく「ことばは戻る」といわれますが、物事を明るく良いように考えて話せば、相手からも良い結果が戻ってくるものです。相手に喜びを与えることばをいえば、自分にも喜べることばがいわれますし、相手に不愉快な感じを与えることばを投げかければ、相手からも不愉快になるようなことばが返ってくるものです。

このように明るくよいものの考え方をすることで、明るい心の話し方ができ、人間関係が豊かになっていくのです。物を考えるとき明るくよい方へと考えるのは簡単なようですが、実際にはなかなか難しいことです。しかし、いま自分はどちらのものの考え方をしているのか。暗く、悪い方に傾いているようなら、明るく良い方に考えるように努力してほしいものです。

ことばはあなたのすべての表れであるということを忘れず、**ことばの前の心とことばの後の行動が話し方の根本**であることを確認してください。

3　微笑を投げかけよう

よい人間関係をつくるには、明るいものの考え方、心のもち方を身につけることができたら、つぎには、それを相手に知ってもらうための表情についての問題があります。それは**明るい笑顔をもってほしい**ということです。

あなたは毎日自分の顔を鏡で見ているでしょう。いままで意識していなかったら、あすの朝ひげを剃るときにじっくりと見てください。自分の顔をどう思いますか？　いつもにこやかで、明るく、人に好かれる顔だと思いますか。それともなんとなく、難しく、とっつきにくい顔だと思いますか？　もし、暗い不機嫌な顔でしたら、明るく微笑のある顔に変えるようにしてほしいものです。

日本人は真面目な性格の人が多いのか、どうも笑顔が足りないようです。子供の頃から親に、「男はめったなこと以外に笑うものではない」とか「ニヤニヤしていては男の威厳がない」などと教えこまれてきたからかもしれません。

4　微笑のない日本人

電車の中などでよくみかけますが、お年寄りが自分の前に立って席を譲るとき、「ほかにたくさん席があるのに、よくもおれのところを選んで立ったな」というような難しい顔をして立ち上がる人がいます。

「すぐ降りますので結構ですよ」などとお礼をいっても、「いいですよ」と怒ったような顔をして、ツンとしています。心の中はやさしく親切であっても、表にあらわれた表情、態度がそれに伴わないのです。

同じことでもやさしく微笑を浮かべて、「おばあさん、ここにおかけなさい。さあどうぞ」といってあげれば、どれほど喜ばれるかわかりません。

家庭でもそうです。外面（そとづら）はよいが、内面（うちづら）のわるい主人が非常に多いのが日本人の特徴のようです。職場や仕事でさんざん人の機嫌をとっているのに、家に帰ってきてまでニコニコなんかしてられるかという人もいます。たしかにそれもわかりますが、家庭が楽しくなければ外へ行ってほんとうの笑顔で人に接することなどできるはずがないと思われます。

昔の不良少年少女は貧困家庭から多く生まれました。ところが今は違います。両親はそろっていて、物も豊かで不自由しない。小遣いもたくさんもらえる。こうした中流以上の家庭の子どもたちにも問題行動が多いようです。こうした子供たちの家庭を調べてみると、例外なく共通していることが一つあるそうです。それは、家庭に笑いがないということです。父親が帰ってくれば、苦虫をかみつぶしたようにブスッとしている。母親はすることなすことにブツブツ文句ばかりいう。こんな暗い、冷たい家庭から明るく前向きな少年・少女が育ってくるはずはないのです。

明るい笑顔のない人のまわりには人は集まってきません。職場で管理職が一日中ブスッとした顔をして、文句ばかりいっているなら、部下はとても楽しくは働けないし、仕事の能率など上がるはずもありません。仕事をしているときは真剣な厳しい表情をしていても、仕事から離れたら明るい笑いの起こる職場であってほしいものです。

中国の諺に、『微笑なき者は、店を経営する資格がない』というのがあります。これは「微笑なき者は、部下を指導する資格がない」と言い換えてもいいでしょう。

5　ほんとうの微笑は目にあらわれる

外国の人は日本人をスマイルの国民だといいますが、これは日本人特有のジャパニーズ・スマイルであることが多いのです。つまり、外国人に対する劣等感を隠すためのニヤニヤ笑いなのです。集合写真をとるときに、「チーズ」といって、口元のまわりの筋肉を緩めることが微笑ではありません。

最近テレビをとおしてさまざまの外国の賓客をたくさん見ますが、みなさん素晴らしい微笑を身につけています。こういう人たちもはじめから素晴らしい笑顔をもっていたわけではないと思います。きっと鏡を見て、微笑の練習をしたことでしょう。こうした微笑は口元でなく、目にあらわれています。よく「目は口ほどに物を言い」とか「目は心の窓」といわれますが、うれしいときの目、怖いと思ったときの目、怒ったときの目、目はその人の心をあらわし、さまざまに変化します。つまりほんとうの微笑は目にあらわれるのです。

よく「人間四十までの顔は親の責任である。しかし四十過ぎの顔は自分の責任である。顔はその人の努力次第でどうにでも変わるものである」といわれています。自分でどうも微笑が足りないと思われる方は、ぜひ鏡に向かって微笑の練習をしてほしいものです。

第3章　積極的に挨拶をしよう

よい人間関係をつくるためには、明るくよいものの考え方を身につけることから始めることにしよう。暗くわるいものの考え方をなるべく避けるようにしたいものだ。それをあらわすために微笑を身につけよう——とこれまで申し上げてきました。

人に好かれるためには話し方の基本である「ことばの前に心あり、ことばの後に行動あり」ということを、いつも心がけることがなにより大切であると思います。

さて、人間関係をよくするには、積極的に挨拶をしようということを申し上げたいと思います。この**挨拶を積極的に行うことが、人間関係をよくする鍵**であることを知ってほしいのです。

1　日本人の挨拶

挨拶が大切と申しますと、「なんだ、そんなことか」とおっしゃるかもしれません。しかし、日本人は話し下手なので、積極的に挨拶をしない人が多いように思います。なかなか他人に気軽に声をかけることができないのです。

ところであなたは、朝家をでるとき、奥さんに「いってくるよ、留守を頼むね」といって出かけていますか？　夜、帰ったときに「ただいま、いま帰ったよ」といっていますか？

もちろんそうなさっている人もいると思いますが、ほとんどの人は朝出ていくときも、だまってでていきます。だから、奥さんが心配して台所から声をかけます。「あなた、そろそろおでかけにならないと遅くなりませんか！　あなた、あら、もういっちゃったのかしら」というように、いつの間にかいなくなってしまう。

夕方もこれと同じ調子で、声もかけないで帰ってきます。そして食事をするときでも「一日話すぶんは全部表でやってきた」という顔をして、ウンともスンともいわないでだまって新聞をみながら食事をしている。そして、食事が終わると最後に一言、「もう寝る」などといっている人が多いのではないでしょうか。

新聞に「声をかけずにでかける夫」という投書がありました。学校の先生だと思われます。その全文を紹介します。

『学校勤めをするわたくしにやっと待望の夏休みがやってきて、二、三日前からやっと普通の主婦のように、夫を送り出せる身となった。ところが今朝も夫は食事のあとで掃除をしているわたしのそばを通り抜けて、まるで関係ないかのように、一言も声をかけずにでかけていってしまった。大学時代をふくめて八年近く下宿生活をしていたので、でかける時や帰宅した時に声をかけるなどという習慣からは縁遠くなってしまったのだろうか。三か月前まで父母や兄弟の中で生活してきたわたくしにとってはまったくひどい仕打ちとしか受取れない態度なのである。そういえば他にも思い当たることがある。週に1回、わたくしが休みの時二人揃って朝食の箸をとることができるのに、そういう時でさえ食べながら片手でスマホを見ながら、顔はまるで食卓の方を見ずに、黙々と口を動かすのである。少なくとも一時間半は先に起きて、洗濯や食事の用意をするわたくしは新米の主婦であるため食事の時まで緊張している。どの料理にどれだけ箸をつけるかと夫の様子をびくびくしながら眺めていたものである。だから初めは余りのことに何も食べた気もせず、一体わたくしのどこがそんなに気に入らないのだろうと涙にくれていました。出がけにちょっと声をかけるということも一緒に生活している者に対する一つのエチケットではないだろうか。結婚前はむしろ気の強い娘だったわたくしが、こんなに毎日クヨクヨと半ベソをかきながら暮らしているなどとは誰も想像できないだろうと思うと、なんとなくおかしくなってきてさっきまでの涙は忘れてしまうが、これから先、またどんなことで悲しくなるか分からない。夕方帰ってきて、戸を開けても、ただいまともいわずそのままだまって座り込む夫は時々わたしが買物にでるときなど、耳のそばまで行って「じゃ、いってきます」というと、本当にびっくりした目付きをして「うん」とうなずくのである』

どうでしょう。この投書のように、奥さんに悲しい思いをさせている人がいるのではないでしょうか。挨拶はエチケットではないかといっています。まさにその通りだと思います。夫婦の間にもエチケットがあるし、親子のあいだにも礼儀というものがあります。そして礼というのは挨拶から始まるのです。

2　家庭での挨拶

会社訪問などをした時に、よく「今の若い者は挨拶ひとつできない。いったい学校では何を教えているんでしょうね」といわれます。そういう時、その方に「つかぬことを伺いますが、社長は朝起きた時、奥さんに『おはよう』といっていますか?」と聞きますと「女房に挨拶するんですか?」という人、中には「もう20年もしてませんよ」という人もいました。

家庭では夫婦の間で挨拶をしなければ困ります。よくいわれるように、昔から「子は親を演ずる名優である」「子は親の鏡」「子は親の後ろ姿を見て育つ」などといわれています。

子供は親のいうとおりに育つのではなく、親のするとおりに育つものです。だから親を見れば子供がわかります。子供を見れば親がわかるのです。こまかいことでも、子供は親を見習っているのです。親が礼儀正しければ子供も礼儀正しくなる。家庭で親が挨拶する習慣があれば、しなさいと口でいわなくても子供は親のすることを見ていてするようになるのです。ところが親がやらないからしないでもいいと思う子供が育つのではないでしょうか。こういう子供は近所の人に会っても「おはようございます」といいません。子供のときの習慣はそう簡単に直るものではありませんから、会社にいってもだまっています。「あいつは挨拶ひとつできない。親の顔がみたいものだ」といわれるような人間に育ってしまうのです。自分のことだけでなく、よい子に育てる上からも家庭での挨拶は欠かせないと思います。

3　指導者としての挨拶

挨拶の話をしますと、ある人は「そりゃ、挨拶はしますが、相手がしないのにこっちから先に頭を下げる必要はないでしょう」とか「若い者がやったらやってやりますよ。若い者がしないのに、課長のわたしがなにも部下のご機嫌をとることはないでしょう」という人もいます。

しかし、これは間違っています。相手がすればこっちもする、部下がやったらやってやるでは、だれでもすることです。いつでも先手を打って自分から先にやるということが大切なのです。なぜなら、挨拶ひとつできないというのでは、人間としてまことに程度が低いということです。その程度の低い人がしないから、こちらもしないというのでは、あなたも相手の程度まで自分の値打ちを下げることになります。

指導者というものは、相手がどのような態度に出ても、相手の出方にかかわりなく建設的な態度を示さなくてはいけません。相手がしなくても、あなたの方から会うたびに「おはよう」「おはよう」と声をかければ、相手も「おはようございます」と挨拶するようになります。こうして相手を引上げることができてこそ指導者といわれるでしょう。挨拶は給料の多寡や地位の上下でするものではありません。むしろ、人間的に偉い人ほど先にすべきでしょう。

挨拶という字の本来の意味を知っていますか？「挨」は「心を押しひらく」ということです。「拶」というのは、「相手にせまる」ということです。つまり挨拶は「心を開いて相手にせまる」というのが本来の意味なのです。つまり、相手がするから、こちらがするという受身のものではなく、本来、積極的で一方的なものだといえます。

多くの人と仲よくし、人から好かれ、信頼されたいと願わない人はいないでしょう。いくらお金があっても、心を許しあえる友達が一人もいない生活が幸せだと思いますか。しかし、その人を得るのに、あなたは相手の人が近付いてくれるのを待っていますか。自分が相手を好きにならないで、好意を積極的に示さないで、相手に好きになってくれというのは、まったく虫のいいことではないでしょうか。相手に好かれたいと思ったら、自分が心を開いて相手に近付いて、ことばや態度であらわすことが必要でしょう。

人間関係を良くするということも、自分から働きかけることです。自分のほうから積極的に声をかけると、すばらしい結果がでるということを知ってほしいものです。新聞にこんな投書がのっていました。春日部に住む主婦の方からのものです。

『身をきられるような冷たい北風が吹いていたころ、秋田から働きにきていたおじさんたちは、通学路を作るための下水工事をしていた。

まだ幼稚園に通っていた娘を送っていきながら、私は毎朝「おはようございます。毎日ご苦労さま。きょうも寒いわね」というと、ちょっと働く手を休めておじさんたちも「おはよう」という声を返してくれた。――何気ないことばがある日突然感激となって返ってきた。

風呂の下水が詰まり、洗濯の水も流せないようになってしまい、水道工事店に電話をしたが人手不足でおいそれとはきてもらえず、途方に暮れていた。ところがこのことがひょんなことからおじさんたちの耳に入り、仕事が終わってから、さっそく家へきて穴を掘り、管をはずして作業をしてくれた。あたりは暗くなるし風は冷たいし、それにおなかだって空いているだろうに、申し訳なさでいっぱいになった。

「すみませんね。疲れているのに皆さんに手伝っていただいて」といったら、「奥さん、親方がね、どこの家だというから、いつも朝挨拶してくれる奥さんの家だよ、といったら、じゃみんなでいって手伝ってやれ。近頃挨拶なんかしてくれる人なんかいないのに、あの奥さんだけは毎朝声かけてくれるんだからな」と、こういわれてきたのだという。私としては、無意識に出ていたことばが、おじさんたちにはそんなにも心に残っていたのかと、その夜は心が高ぶってしまった。

舗装された通学路、下水の縁のフェンス、目にしみる若葉。秋田のおじさんたち、もう田植えも始まったかしら』

挨拶がいかに素晴らしい結果をもたらすか、実によくわかります。人間関係を良くするために、積極的に挨拶をすることを実行したいものです。

4　挨拶の効用

挨拶には、つぎの四つの機能があります。

①　**自分は相手を知っている。相手も自分を知っている場合**　挨拶は今までの友好関係を保ち、社会生活が円滑に行われる。

②　**自分は相手を知っている。相手は自分を知らない場合**　挨拶は新しく交際を求めるためで、こちらから求めて人間関係を広げる。

③　**自分は相手を知らない。相手も自分を知らない場合**　挨拶はエチケットとして行われ、偶然の出会いから人間関係が広がる。

④　**自分は相手を知らない。相手は自分を知っている場合**　声をかけられたら挨拶を必ず

返し、受け身の形で人間関係が広がる。

この中で特に重要なのは、既知の人に対する挨拶としての①と、未知の人に対する挨拶として③です。

①の場合は、顔見知りの人に対する挨拶ですから必ずしなければなりません。もし、挨拶しなければ人間関係はこわれます。職場の友人に試してみればすぐわかります。友人と顔を合わせたとき、声をかけられたときに黙っていればどうなるか？「なんだあいつ、生意気に……」と思われます。

顔見知りで挨拶しないのは、「お前とは口もききたくない」と敵意を示しているのと同じことです。たとえあなたがそういう気持ちをもっていなくても、相手はそのようにうけとり、人間関係は確実にこわれます。

③の場合は、エチケットとしての挨拶です。わたくしたちは見知らぬ人との間でエチケットとして挨拶しなければならないときがたくさんあります。人の前を通るとき、研修会や食堂で先客のいるテーブルに同席するとき、乗り物で人のとなりに座るとき、混んでいる乗り物から降りるときなどすべて挨拶をしなければいけません。挨拶することがエチケットです。

混んだ電車から降りるときもそうです。

「すみません。降りますから」とか「おそれいります、出してください」といえば、「おい、降りるんだってよ、降りる人はお客様だから出してやれ」などといって出してくれます。ところが最近はマナーや、エチケットを勉強していないのか、黙って体だけくねらせて、「そこのけ、そこのけ……」という態度で出ようとするので、突き飛ばされたりするのです。

多くの人がエチケットとしての挨拶をするだけで世の中がどれだけ明るくなるか、逆にしないためにどれだけ人の気持ちを不愉快にするかわかりません。このエチケットとしての挨拶をする人が少ないためか、これをすることによって人間関係がドンドン広がり、知人や友人ができて自分の生活にも思わぬプラスになることがあります。

5　挨拶は明るく声に出してハッキリと

挨拶はハッキリと声に出していわなければなんの値打ちもありません。黙って頭を下げていたのでは挨拶したことにはならないのです。黙って頭だけ下げるのなら、お菓子屋の店の前においてあるペコちゃんでも頭を叩けば挨拶してくれます。**挨拶をするときは、口を大きく開けて明るくハッキリいう**ことです。

また、相手からなにか声をかけられたときには、必ずハッキリ返事を返す習慣をつけたいものです。声をかけられたときに黙っていると、無用の反感を相手に起こさせ人間関係が悪くなります。それは相手が近づくのを拒否するか、無視することになるからです。

挨拶にはつぎのようにいろいろなものがあります。

（ア）時刻に関するもの

おはようございます。こんにちは。こんばんは。

（イ）天候や季節に関するもの

いい天気です。いい陽気になりました。ひどい風ですね。

（ウ）いままでの関係を確認するもの

たいへん御無沙汰いたしました。おひさしぶりですね。

（エ）感謝の意をあらわすもの

昨日はごちそうさまでした。お力ぞえありがとうございました。

（オ）相手の趣味に関係するもの

昨日はテニスでしたか。菊の手入れもたいへんでしょう。

このほかにも相手の生活や相手の動作に関するものもありますが、挨拶の基本となるのは（ア）と（イ）です。これにその他の挨拶を組み合わせると効果がいっそう大きくなります。

挨拶は相手の状態を考えて、それにもっとも合ったものをするように心がけましょう。「挨拶は心を開く鍵である」といわれています。明るくハッキリと人より先にすることです。そして、まず家庭の中に挨拶があふれるように実行したいものです。

第4章　ほめことばを使おう

よい人間関係をつくるには、第一に明るくよいものの考え方を身につけること、第二に積極的に挨拶をしようということを申し上げました。

とくに**指導者の立場にある人ほど挨拶を先にする**ように心がけたいものです。相手の出方にかかわりなく建設的な態度を示して、相手を引き上げることができてこそ指導者といわれることも、ぜひ心に留めておいてほしいことです。

ここでは、人間関係をよくするために、**進んでほめことばを使おう**ということを申し上げたいとおもいます。**ほめことばが相手の才能を伸ばす**ということをしっかりと知ってほしいものです。

1　ほめことばの効用

人間というものはだれでも自尊心を持っております。そして自分の価値を認められる、自分が他の人から重要視されているということに限りない喜びを抱きます。心理学者のフロイトは「人間のすべての行動は、偉くなろうという欲望と性の衝動から発する」といっております。つまり人間は他人から、偉いといわれたい、尊敬されたい、そのために一生懸命努力もし、勉強もするというわけです。ところが残念ながらなかなか他人から偉いといわれたり、ほめことばも使ってもらえないのが実情でしょう。

「わたくしはもう毎日毎日人様からほめられていて、ほめことばなどうんざりしていいます」という人が一人でもいるでしょうか。逆に、ほめられてもらいたくても、なかなかほめてもらえないのです。しかし、わたくしたちの生活で、このほめことばほど重要なものはないとおもいます。ほめことばが、どんなに人に喜びを与えそしてどんなにすばらしい結果をひき起こすか実例をあげてみましょう。

朝日新聞にのった「ちいさな幸せ」という投書です。

『うちのだんなさまは食いしんぼうである。音を立てまことににぎやか、かつおいしそうに召上がる。しかし、料理の味をほめたことは結婚以来二十三年間ほとんどない。といって決してわたしの腕が悪いわけでもないと思う。それが証拠に娘は「おかあさんの揚物とギョウザの味は抜群よ」といってくれるし、息子は「今日の弁当おいしかったよ」と時折ほめことばをいってくれる。この二人の父である彼は決して無口ではない。どちらかというとおしゃべりである。なのに「だまっているときは、おいしいんだ」と、いともつれない。よい品を安くと、遠方のマーケットまで買物にいき、肥満体のだんな様と、成長期の子供のためカロリーの計算、栄養のバランスと苦心の献立なのである。それなのにテーブルに並んだものを一督する間もなく、機械的に口に運ぶだけだ。なんとも悲しい。そんな彼がおなかをこわして、丸一日絶食した。その翌朝わたくしは、卵の黄味を落として、塩味を少しつけたお粥と豆腐の味噌汁に細かく刻んだ梅干を添えて出した。待ちかねたように箸をとり、食べ終わった。そして「ああおいしかったな」といった。わたくしは、一瞬自分の耳を疑いました。二十三年ぶりで初めて聞いたことばです。すると、もう一度「うまかったなあ、ごちそうさま」と繰り返しました。その瞬間「幸せだなあ」とつくづく思った。しかし、なんと小さな幸せであることよ』

こういう「ひととき」への投書です。

日頃ほめことばをいわれていない人にとって、ひとことのほめことばで、やる気が起きたり、仕事に意欲が湧いてくるものです。わたくしたちはひとことのほめことばがこのような効果があるのに、なぜ使わないのでしょうか。もっとも心の中で思わないわけではないのですが、どうも照れくさいのでことばに出さないのだとおもいます。しかし、ことばに出さなければ相手には伝わりません。人間はひとからほめられればうれしいし、そのほめてくれた人に好意を抱き、人間関係がよくなるのです。うれしいだけでなく、ほめられたことの才能まで伸びていくのです。

2　ことばの暗示のもつ力

人間は暗示に弱いといわれています。わたくしたちは毎日他人のことばや自分のことばで、たくさんの暗示を与えられます。このことばの暗示が心に変化を起こしたり体を壊したりすることもします。昔から「病は気から」といわれていますし、その心の働きが身体に変化を起こすのです。ことば一つで身体を丈夫にします。ですから『病気』とかくのでしょう。もし体だけ病むのでしたら、『病体』と書くはずです。多くの病気が心に原因があるようです。

九州大学の心療内科では、心が原因の病を研究しています。そこでの実験で、ウルシにかぶれる人にウルシの液を薄め、青い色をつけて腕に塗りますとひどいかぶれができました。その後、ただの水を青く染めて塗ってみました。ところが前と同じようにかぶれができました。つまりウルシの液だという暗示で心が変化し、かぶれが生まれてくるのです。暗示というものには非常に恐ろしい力があるのです。話の場合でも、同じ暗示を与えるならプラスの暗示を与えるべきです。これがほめことばで、**肯定激励型**（**長所伸長型**）といわれます。マイナスの暗示を与えるのは**否定禁止型**（**短所指摘型**）といわれます。

子供にプラスの暗示を与えることで、その子供の才能がぐんぐん伸びてくることを知ってほしいものです。

3　ほめことばは才能を伸ばす

大森篤子さんというお母さんの話です。この方には二人の男の子がいて、二人とも名門の筑波大付属の駒場中学に入れることができました。長男を入れるときは予備校に通わせました。出来のよい子ですから、国語・社会はほとんど100点でしたが、どうしても算数が苦手で80点とか75点をうろうろしている。この点数を見るたびに「あんたは算数のできない子ね。こんな成績じゃ筑駒なんか入れるわけがないでしょう。頑張らなくちゃダメじゃないの！」

と叱るのではなく、どなりつける。子供は次の時には頑張って85点をとっていままでの最高点なのに、「いつになったら100点とれるの。本当にあなたって算数ができないのね」と叱られる。こうして算数のテストのたびに「算数ができない」「算数100点がとれない」といわれる。子供の頭は「算数ができない」「算数が苦手だ」というマイナスの暗示に支配され、逆にドンドン算数の成績が下がっていったのです。これを見てお母さんはあせり、そして考えた。そしていままでの否定禁止型のマイナスの暗示を止めて、肯定激励型に切り替えたのです。

「あなたは国語だって、社会だってみんな100点とれるじゃない。算数だってやってできないことはないわよ。頑張ってごらんなさい」こうしたプラスの暗示にかえると、下がっていた算数の点が75点、83点と上がり始めました。そのたびに「やればできるじゃない。これまでにない最高点よ。もう一息ね」と励まし続け、その成果で無事合格させることができたということです。

草花に美しい花を咲かせるためには肥料が必要です。それと同じように人間の才能を美しく伸ばすためには、「ほめことば」という肥料が必要なのです。特に知っておいてほしいのは「**教育は励ましである**」ということです。

4　ほめことばの使い方

ほめことばというと、なにか大きな、立派なことをしたときに使うものだと考えている人が多いようですが、そうではありません。

①　どんな小さなことも事実をほめる

きれいな字を書く人だねと思ったら、「鈴木さんはずいぶん字がきれいですね。お習字の勉強でもしたのですか」といってあげればいいのです。相手に気にいられようとしていうことは、おせじとかおべっかで、ほめことばは真実や心に思ったことを素直に口に出すことです。

②　具体的に特徴や行為をほめる

「君はきれいだ」というより「君の目はパッチリしているね」というべきでしょう。「君は勤勉だ」というより、「君は9時の出社時間にこの1年間一度として遅れたことがないね」というように事実をほめるように心掛けます。

③ 時機をはずさずにほめる

奥さんの漬物がおいしいと思ったら、口に入れたときすぐに、「今日の白菜、とてもおいしいね。とてもおいしく漬かっているよ」とほめることです。二日や三日経ってから『こないだの漬物おいしかったよ』などといっては「今頃なにいっているんですか、つまらないおせじはやめてください」といわれてしまいます。

④ 第三者の口を借りてほめる

どうも相手をほめるのは照臭いと抵抗のある人は、第三者の口を借りてほめるようにするのもよい方法です。

「課長が君のことをほめておられましたよ。若手の面倒をよくみる人だって」と他の人がほめた形をとります。しかし、この効果は自分がいったときと同じように上がります。

⑤ 拡張自我をほめる

拡張自我というのは、相手の人に関係のあるものをいいます。たとえば、頭のよしあしは相手自身のことですが、着ている洋服は相手自身ではありません。その人の人柄や値打ちとは関係のないものですが、「ひどく古い洋服を着ていますね」などといえば、相手はきっと怒るでしょう。しかし、反対に「いい洋服ですね。外国製ですか?」といわれれば、うれしくなるでしょう。これが**拡張自我をほめる**ということです。

人にほめことばを使えば、自分にもほめことばが返ってきます。ほめられれば相手もうれしい。そして、なおほめられようと励むようになります。またほめことばをいえる人は心の広い人であってはじめていえるものです。一日に一つはどこかで、だれかにすすんでほめことばを使いたいものです。それが人々を明るくし、励みを与え、やる気を起こさせ、人間関係をよくしてくれるのです。

第5章　名前をおぼえ、名前を使おう

前章では惜しみなくほめことばを使うことを申し上げました。教師としては、ほめことばは才能を伸ばすもので、ぜひ生徒に肯定激励型のほめことばをつかって、励ましてほしいと願っています。

さて、本章では人間関係をよくするために、名前をおぼえ、名前を使うということを申し上げたいと思います。

1　名前は第二の自分

わたくしが大学生だった春先の5時限の英語の授業の時のことです。昼の弁当を食べたあと、校庭で適当な運動をしてますのでなんとなく眠気に誘われ、上と下のまぶたがどうも仲よくなりそうなとき、先生が「He surprise…」と一声大きくリーダーを読んだ瞬間。「Yes, sir」と大声で立上がった生徒がいた。これには先生もビックリ、その生徒は桜井君でした。ウトウトと居眠りをしていたのですが、「ヒー　サプライズ…」が「桜井」と聞こえたのでサッと立ち上がったのでした。

わたくしたちが一日に話すことばの数は、これを活字に組み直すと小さな本が1冊できあがるほどだといわれています。これほど**たくさんのことばの中で、自分にとって一番大切なことば、愛着のあることばは自分の名前**なのです。町を歩いているときも、電車の中でも、居眠りをしているときでも人は自分の名前を呼ばれればハッと気づきます。

山に登った記念に、山小屋の壁に彫りつけるのも自分の名前です。神社や寺に参拝した記念に千社札を貼りつけてくるのも名前を大切にしているからです。とくに日本人は昔から名前を重要視し、武士は名前を辱しめないために、命まで捨てたのです。

名前を無視されれば、自分を無視されたことと考えます。反対に名前を呼ばれたり記憶されたりすると、自分を認めてくれたものとして自尊心を満足させるのです。名前は決して、符号ではなく、本人にとっては、自分の代わり、第二の自分として考えているといってもいい過ぎではないでしょう。

2　名前をおぼえて使うと、人は驚くほど感激する

今から、十年ほどの前のことですが、ある雑誌に、Iゴルフ倶楽部のフロント係の長谷川さんのことが紹介されました。長谷川さんはそのゴルフ倶楽部のフロント係ですが、一万人のメンバーやビジターの人の名前をおぼえ、その名前を日常的に使っているというこ

とです。

この長谷川さんがこういっています。「人によってゴルフクラブの利用の仕方は千差万別です。毎週のように顔を出される常連の会員さんもいれば、ごくたまにしか来られない方もいます。久し振りに来る方ほど、私が『××さん』と声をかけると喜んでくださいます」。とにかく、相手を記憶していて、名前を使ったり呼んであげることが、その人にとってはたいへんな感激につながるのは、間違いなさそうです。

わたくしもかつて高校の教師をしていたとき、新学期の初めの授業のときに一人ずつ名前を呼んで立たせてみんなに紹介するようにしました。実は他の生徒に顔をおぼえてもらうといいながら、このことで私自身が四十七名の生徒の名前を記憶してしまいます。そして、つぎの授業のときに一人の生徒（クラスの中で特に目立つ子供）を除いて、順番に生徒の名前をいっていきます。最後に残った生徒に「どう、君の名前だけいってないけど、先生は忘れているわけではないんですよ、君はこのクラスでとくに印象が深かった××君ですね」といいますと、顔にホッとした表情が浮かびます。そして、「これでみんなの名前をおぼえたから、サボったりするとすぐ名前を呼ぶことにします」といえば、生徒との信頼がすぐできあがり充実した授業ができるのです。つまり、生徒とわたくしのよい人間関係ができることになります。

3　名前を使うとなぜ人間関係がよくなるのか

いままで述べたように、名前を使うとお互いの人間関係がよくなります。反対に名前を忘れたときには、相手に屈辱感を与え、人間関係は悪くなります。

その理由は、人間は自分にとって①**大切な人**、②**深い関心をもつ人**、③**価値のある人**の名前はすぐにおぼえますが、それ以外の人の名前は一度聞いてもすぐ忘れてしまうものです。だから、名前をおぼえて、名前を使うということは、「あなたはわたくしにとって、本当に大切な方です。あなたに深い関心をもっていますし、わたくしにとって価値のある存在なのです」というのと同じことです。

また、名前をおぼえていないということは、「おれはお前なんかに関心はないよ。あなたは私にとってはまったく値打ちのない人ですよ」といっているのと同じことになるのです。

わたくしの友人を知り合いの大きな病院の事務室に紹介して就職させたことがありました。仕事も真面目にするし、仲間との付合いもいいという評判で安心していました。ところが、ある日、突然わたくしを訪ねてきたのです。「病院をやめたい」というのです。理由を聞いてみますと簡単なことでした。

病院の事務室に勤めて3年になり、院長は毎日のように事務室に出入りして、自分たちともよく話し合っているので、自分の名前はきっと知っていてくれるものと思っていたのです。ところが、つい先日、大勢の事務室の同僚の前で、「えーと、君はなんという名前だったっけ」と聞かれたというのです。自分の仕事ぶりを認めてくれているので、名前ぐらいは当然知っていると思っていたのに、「君の名前は……」と聞かれたのが、大変なショックだったというのです。こんなに一生懸命に仕事をしているのに、自分を認めてくれない人の下で、これ以上働いても将来に希望が持てないというのです。

この人に限らず、このように人はだれでも人に認められたい、自分を認めてくれる人の下で働きたい、と思っているのです。それだけに名前にこだわるのでしょう。

あなたは重要な人だといわれれば、自尊心は満たされ、いってくれた人に好意をもつのは当然でしょう。人間関係をよくする（人に好かれる）には、人と接するときに、できるだけ多くの人の名前をおぼえ、名前を使うことが大切です。

4　アンドルー・カーネギーの成功の秘密

鉄鋼王と呼ばれたカーネギーは、鉄鋼のことなどまったく知らなかったそうです。しかし、自分より鉄鋼のことにくわしい数百人の部下をうまく使っていたのです。つまり、彼は人の扱い方を知っていたので、富豪になったのです。

子供のころから、カーネギーは人を組織し、リーダーシップを発揮する才能をもっていました。10歳のときに、人間は自分の名前に並々ならない関心を持つものだということを発見し、これを利用して、他人の協力を得ていました。

少年時代の話ですが、ある日ウサギを捕えました。ところがそのウサギは子をみごもっていたので、子ウサギで小屋はすぐ一杯になり、餌が足りなくなりました。かれは近所の子供たちに、ウサギの餌になる草を持ってきた者には、その子の名前をウサギにもつけるといったのです。この計画は見事に成功しました。それ以来、この最初の経験を忘れませんでした。しかも、この人間の心理を自分の事業に応用して、巨万の富を残したのです。

5　顔と名前をおぼえるには

人間にとって大切な名前をおぼえ、しかも忘れないようにするにはどうしたらよいのでしょうか。それはつぎの三点が基本になります。

①　名前を知ったら、すぐ相手とことばをかわすこと

「××さん今日は本当にお会いできてよかった。こんど××さんとまたお会いできるのを楽しみにしています」というように。

②　なるべく会話を通して繰り返すこと

わたくしは、タクシーに乗ってもすぐ運転手の名前のプレートを見て、話の中に取り入れます。「勝又さん、やはりこの時間はいつも混んでいますか？」「勝又さんは田舎は静岡でしょう」「わたしの知合いにも勝又さんという人がいましてね」と会話の中に相手の名前

を入れておけば、「勝又さん、悪いけどこの細いところ曲がってくれますか」と無理をいっても、聞いてもらえます。すると返事が返ってきます。「あまり飲みすぎないでくださいよ」くらいの会話になります。

③ 本人とわかれた後で、顔や体格の特徴、会った場所、用件などを受取った名刺の裏にメモしておきます。

なるべく、顔やからだの特徴と名前を結びつけるのがよい記憶法です。顔の丸い「丸山さん」、額にしわが三本の「三波さん」というように工夫します。

人の名前を覚え、人の名前を呼んで親しみ深く話すことで、その人との人間関係がよくなるのです。とくにわたくしたち教育に携わる者にとっては、一人でも多くの生徒の名前をまず覚えることが、生徒からの信頼を得ることにもつながっていることを知ってほしいものです。

授業中に「おい、君」とか「後ろから二番目のあなた」などといっていたのでは、生徒との人間関係がよくなることは期待できません。授業では「山田さんどうです」「安藤君、次は君に解答してもらいます」というようにしたいものです。

自分の名前を覚えられるということは、へたなほめことばをいわれるより、よほどうれしいと生徒がいっています。人間関係をよくし、人を扱う人にとってはこのルールは大切であることを知ってほしいものです。

第６章　相手に話させよう

前章では人間関係をよくするためには、名前を覚え、名前を使ってほしいということを申し上げました。本章では人間関係をよくするために「相手に話させよう」ということを申し上げたいと思います。

1　ことばの技術

ことばについては五つの技術を身につけなければなりません。

それは、**読む**、**書く**、**聞く**、**話す**、**考える**という五つの技術で、これらはすべて訓練して身につけられるものだと思います。とくに、「きく」ということは生まれたときからできることではありません。耳さえあれば人の話はきけるものだと思っていると、毎日の生活の中で、話のやりとりに失敗を繰り返して、その失敗はそのまま、自分とまわりの人々の人間関係を損なうことになってしまうのです。話し方の勉強は話すことからではなく、まず、相手の話をきくことから始まるといえます。

英語では、hearとlistenを区別して使います。これと同じように、日本でも「きく」には、「聞く」と「聴く」があります。音が自動的に聞こえてくるのが、「聞く」で、聞き手が積極的に相手を理解しようとするのが「聴く」の意味です。発音が同じためか日本人はこの区別を特に意識して区別していないようです。相手に話させるためには、「聴く」という積極的な姿勢がぜひとも必要なのです。

2　人は話したがっている

仲のよい同僚たちと雑談を交わしているとき、あなたは自分が自分のことを話しているときと、相手の話をきかされているときと、どちらが楽しいと感じますか？　おそらく、自分のことを話しているときのほうが楽しいと感じるでしょう。

なにかの会合やよその家庭を訪問したときに楽しかったと感じたときには、自分が満足ゆくまで話したときが多いのです。それを裏返すと、よい聞き手が集まっていた、あるいは人間関係を悪くしたかのどちらかと思われます。

多くの人にきいてみましても、90%の人が、自分のことを話しているときのほうが楽しいと答えてくれます。しかし、世の中はほとんどの人が自分のことを話したいという意識をもっているために、他人の話を真剣に聞いてくれる、よい聞き手はほとんどいないのです。アメリカには「有料はなし承り所」をつくって、人の話を聴くのを商売にしている人がいるそうです。世間にはいろいろな商売があります。この商売もなかなか繁盛しているというのです。このことからも、人はお金を出しても自分の話を聴いてもらいたがっており、よい聞き手に対する需要は驚くほど多いのです。

よくお年よりをだまして出資させる詐欺商法のニュースが報道されますが、わたくしが驚かされるのは、そこにでてきたお年よりのほとんどの方が、たくさんのお金を巻き上げられたにもかかわらず、セールスマンはとてもいい人だった、やさしくてよくわたしの話を聞いてくれた、といったりして、いまだに欺されたと思っていない人も多いことです。

このように詐欺の手法に使われたのではたまりませんが、世の中には、自分のことを話したい人のほうが多く、よい聞き手はきわめて少ないのです。それだけに、**よい聞き手は相手から好意をもたれ、人間関係が非常によくなってくる**のは間違いのないことです。

こうした効果がすぐあらわれるのはセールス活動の場合でしょう。わたくしの知人のAさんは、セールス嫌いで有名なご隠居の薬局を訪問しました。事前に集めた情報では芝居好きだということです。「ごめんください」といいますと奥からご隠居が出てきました。名刺を渡すと「なんだ、セールスか、もう五人目だよ、用があったらこちらから電話するから」と奥に引っ込みそうになったとき、「今日はご主人は……ああ芝居見物でしたね。ご隠居は嫌いなので留守番ですか」と声をかけますと、根が芝居好きなので、「冗談じゃないよ、二人の芝居好きはわたしが仕込んだんだよ」と乗ってきましたので、「そうですか。わたしは一度も見たことがないのです。どこがいいのかわかりませんね」といいますと、「よし、わたしが教えてあげよう」と、ご隠居はお茶までサービスして話してくれました。なにしろ芝居の知識は一杯で、話す相手が現れたのですから、こんなうれしいことはありません。少しながら注文をくれたのはいうまでもありません。

3　何を話させるか

人間関係をよくするためには、この薬局の例のように、相手の趣味を話させるのもいいのですが、この場合、もし自分も同じ趣味の場合は、自分のほうが話したくなる危険性があります。趣味のほかには相手が得意とする事柄や深い関心をもっている事柄について話させることです。

話させるといっても、自分が黙っていてはいけません。相手に8割話させて、自分が2割話す。または7対3くらいが適当かもしれません。

そのためには、話をはずませるあいづちを上手に使うことが大切です。聞き手の話の引き出し方やあいづちの打ち方によって知らず知らずに気持ちよく話を引き出すようにしたいものです。あいづちには次のようなものがあります。

①　**単に同意をあらわすもの**……そうですね　はあ　ええ

②　**同意をいいかえたもの**……「寒くなりましたね」の挨拶に「そうですね」は単なる

同意ですが、「朝晩とくに厳しいですね」というもの
③ **感嘆や驚きをあらわすもの**……なるほど　驚きましたね　へぇー
④ **疑問をあらわすもの**……ほんとですか？　そうですか？　そんなことが？
⑤ **話を促すもの**……でどうなりました　それから
これらを上手に使って相手に話させるようにしたいものです。

4　積極的に聞け

自分が話をしているときは、自分のもっている知識のたくわえを減らしていることになります。新しい知識は何一つふえてゆきません。しかし、人の話を聴けば、たくさんの知識を得ることになります。聴くことによって知識を増やし、相手を理解し、不平不満の処理さえできるのです。

①　事実や真相をきくために

わたくしたち人間はどうもせっかちなのかもしれません。他人のいうことを十分に聴かないのに、自分の意見をすぐいうことが多いのです。

部下が遅れてくると、「今何時だとおもっているんだ。飲み過ぎか、寝坊か」というように、自分の感情をぶつけてしまいがちです。果たして寝過ごしたのか、電車の事故か、身体の調子の悪いのを無理して出てきたのか、その時点では理由は分からないはずです。「ど

うしておそくなったの？」と相手に話させたうえでいうべきことは、はっきりいえばよいのです。こうしないと人間関係はどんどん崩れてゆきます。

②　自主的に行動させるため

仕事をしてもらうときにも「これをしてくれ」と命令調で押しつけるのは好ましくありません。「これをしてもらえないか」と相談する形式のほうがよい結果がでるようです。「こういう方法でやってくれ」といってしまえば、いわれた相手は、自分の意見をいう余地がなくなります。意見があっても「こういう仕事なんだが、君だったらどうやったらいいと思う？」と質問して相手に聞くことです。もし、自分の考えにあわないときにも、だめといわず「ほうなるほど、いい方法だが、ほかにもっとやりかたはないかな？」と質問することです。これが自主性を持たせ、積極的に行動することになるのです。

③　不平不満を処理するために

ある学校で担任の指導がおかしいといって、校長に面会を申し込んできた親がいました。事務職員が「それではまず学年主任か教頭をよびましょうか？」といいますと「なに、おれは校長に会いたいというのにその態度は何だ！」とだんだん感情的になって、大きな声を出すようになりました。この気配を校長が気がつき、この人を校長室に入れました。

担任を同席させ、その事情を話してもらい、ひととおり話を聞き終わると、「まだなにか気がつかれたことはございませんか」「もうありませんか」と持っていた不満を一つ残らず吐き出させせました。つぎに担任のほうを向いて「あなたの意見は後から聞くとして、お父さんのおっしゃることは、まことにごもっともなことです。日頃からいっているように、ことばは相手にどう取られるかということに注意するようにいってますね。とくに生徒は家に帰ってどう説明するかも十分考えなくてはいけないでしょう」と少し語調を強くいいますと、先ほどまでカンカンになっていた保護者が「校長先生、なにもそこまでいわなくても、うちの子供も先生の話をよく聞いていないこともあるのですから……」と担任の肩を持ってとりなすのです。自分の立場と不満を吐き出したらそれですっかり機嫌がよくなり、帰りには「校長先生、どうもわたしもいい過ぎました。これからもよろしく」と帰っていきました。

不平不満を持っているということは、コップに水が一杯入っているのと同じように喉元までいいたいことが詰まっているのです。まずこれを全部出させて、コップを空にしなければ、こちらの意見は聞き入れられずにこぼれてしまいます。**不平というものは、吐き出させるだけで、解決することが多い**ものです。

第7章　他人のことに関心を示そう

部下や生徒に慕われる、そして勇気づけたりするには、どんな話し方をしたらよいのでしょうか。もちろん部下や生徒とのあいだに豊かな人間関係がなければなりません。よく、世の中は「お金」や「もの」で動かされると思っている人が多いが、人の心はそんなものでは動かされません。

いくらいい報酬をもらっても、それだけでは人はやる気にはなりません。相手の意欲や能力を引き出すためには、まず、相手の心を動かさなくてはなりません。話し方の基本は、口先だけの技術ではなく、話し手の全人格のあらわれです。ことばの前にある心が重要です。人の心をつかみ、人の心を動かすにはどのような話し方をすればよいのでしょうか。

1　関心を持つのは自分のことだけ

旅行に行った時や学校行事など多くの人と写真を撮った経験があると思います。その写真ができて渡されたときに一番先に見るのは誰ですか？　まず、自分でしょう。「おれはどこにいたっけ、男っぷりよく写っているかな」と、真っ先に探すのは自分です。そして、自分を見付けて写っている様子を確かめれば、もう、その写真には興味はなく、他の顔など注意してみることはほとんどありません。それが証拠に、友人に、「おい、俺なかなかいい男に写っているだろう」と聞いてみることです。「えー、お前このとき一緒にいたか？」といわれるくらいのものです。

また、新聞やテレビで飛行機事故があって、何人死んだというニュースを知っても、気の毒なことをしたな、運の悪いことだなあとは思いますが、ご主人に死なれた家族の人たちはこれからどうするのだろう、両親が事故に遭った子供はどうするのだろうなどとの心配はまずしません。それより、自分の歯が夕べから痛んでいれば、その方が気になって仕方がないと思います。つまり、人間は自分のことには深い関心がありますが、他人のことにはあまり関心を持たないのです。

2　人から関心を持たれたいと望んでいる

他人のことに関心を持たないのなら、自分も人から関心を持たれなくてもよさそうなものなのに、人間とはまことに勝手な動物といわなければなりません。他人から関心を持ってもらいたい、注目されたいという欲望を強く持っているのです。

職場にいってもだれからも挨拶されない、つきあいの仲間に誘ってもらえない、具合が悪いのにだれ一人声をかけてくれないとしたら、どんなにさびしいことでしょう。

人間の欲求五階層説で有名な心理学者のマズローは、**第一段階は生理的欲求**、つまり生きるための食欲などの欲求で、これが満たされると**第二段階の安全の欲求**を求めるようになるとしています。これからあとは、**「所属と愛」「自尊」「自己実現」**という高度なものに進んでいくとしています。この高度な欲求は結局のところ、人から関心をもたれたい、人に認められたい、人に評価されたいということになると思われます。

多くの社会人は勤めに出るのに背広を着てネクタイをしています。あるとき「あなたは、なぜネクタイをしているのですか」と聞いてみたことがあります。

聞かれた方は、困ったような顔をして、

「なぜ、そういわれても困りますね」

「でもネクタイをしめているのですから、何か理由があるのでしょう」

「そうですね……人がしているからかな」

「じゃ、なにかぶら下がっていればいいのですか」

と冗談をいいました。人がやっているからとか、習慣でするのならなるべく安いものでよいはずなのに、高いネクタイを買ったり、あるいは同じネクタイをしている人と会うと嫌な顔をし、そのネクタイは二度としなかったりします。あまり変なものをしていたくないということと同時に、他人から関心を持たれたい、認められたいという気持ちが心の底にあるに違いないのです。

このことは、女性についても同じことがいえるでしょう。

衣服のほかにいろいろなものを身につけています。時計、イヤリング、ピアス、ブローチ、ネックレス、指輪等々。もうこれ以上するところがない人は、指輪を左右のそれぞれ全部の指にしている人さえいます。鼻などにピアスをしている人もいます。こうして大変な出費をして、自分を着飾っていますが、他人にタダで見せているのです。これこそ人から注目されたい、関心を持たれたいという欲求の現れなのです。

ところがこの欲求を満たしてくれる人は実は少ないのです。試しに新しいネクタイをして勤め先に行ってごらんなさい。多分、だれも何ともいってくれないと思います。何かいってもらおうとして、「山田くん、きみなかなかいいネクタイしているなあ」と相手をほめてあげても、「ところで、おれのネクタイどうだろう」といっても、「べつにどうってことないね」くらいのあいさつでおしまいになるでしょう。

あなたは普段から、まわりの人の持ち物などに関心を示していますか？　まわりにいる女性の洋服やアクセサリーをほめたことがありますか？　もしなかったら、早速実行してみることです。

「鈴木さん、きょうのブローチとてもよく似合うよ」といってみることです。彼女は喜んで次の日、違うブローチをつけてくるかも知れません。そうしたら、「今日のもとてもいいよ」と、また関心を示してあげることです。もっとも同じ人ばかりにしていると「あの人、わたしに気があるのかしら」と誤解されるかも知れませんが……。

簡単なことですが実行する人が少ないことを知っておいてください。人間関係をよくしたいと思えば、相手の関心をひこうとするよりも、**相手に誠実な関心を寄せる**ことです。ところが、世の中には、他人の関心をひこうと、努力をしているが、それが間違っていることに気がつかない人が多いのです。

3　部下の作業意欲は管理職が部下に示す関心に比例する

生産能率を上げた監督者について、どのようなタイプの人が成績を上げているかという調査では次のような結果が報告されました。

①　部下のことより、仕事のことに力を入れた……………13％
②　仕事のことはいわず、部下の身にたえず関心を払った……67％

会社での仕事のことについても、人間の心の動きにはかかわりがありません。仕事のことはあまりやかましくいわれなくても、親身になって自分のことに関心を寄せて心配してくれる管理者には、心からその人のために尽くそうという気になるのです。

東京のＪＲの電車の中で「あなたは話し下手で損をしていませんか」という車内広告を見たことはありませんか。これは話し方センターの広告です。創業者の江川ひろし先生

（故人）の実践には、まったく頭がさがりました。

わたしが誕生日に家に帰りますと宅急便が届いていました。差出人は江川ひろし、となっています。一体なんだろうと包みを開けてみますと、「誕生日おめでとうございます」というカードが添えて、ネクタイが入っていたのです。その数か月前に仕事のことでお会いして、お話をしたのですが、今考えてみるとその時「おいくつですか？」「お生まれはいつ？」といった会話があったと記憶しています。しかし、それを覚えていたとは、本当に驚きました。そして、その心くばりにうれしくなりました。他人から関心を持たれることはどんなにうれしいことかを自分自身で体験させられました。

この江川先生の教室の受講生千人を対象として「職場でいわれて一番うれしかったことば、また、いってほしいと思うのはどんなことばですか」という調査をしたことがあります。どんなことばが出てきたと思いますか？

一番多かったのが**「ごくろうさま」**、二番目が**「ありがとう」**でした。

このことを裏返して考えてみると、こうしたことばが職場の上司から聞かれないということなのでしょう。たしかに注意して見ていますと、会社を訪問した時など応接室に通されて、社長、部長、課長などが出てきてくれます。こういう方たちを見ていまして、お茶を出された時に「ありがとう」をいわれる方はごくわずか。ほとんどの方は自分の部下なのだから、お茶を出すのは当たり前といった顔で黙って飲んでいます。

お茶はひとりでに出てくるのではありません。ここは相手にハッキリ「ありがとう」というべきだと思います。

部下が一日の仕事を終わって帰る時でも同じことです。「お先に失礼します」と言われたら、どんなに忙しくても顔を上げて、部下の顔を見て、「やあ、ごくろうさん。きょうはとても忙しかったのに、よくやってくれました。おかげで予定どおり仕事がすんで、本当に助かったよ。本当にごくろうさん、ありがとう」といってあげることです。その一言で一日のつかれも飛んでしまうのです。『わたしの働きを見ていてくれたのだな。よくやってくれたな、ありがとうといってくれた。明日も頑張ろう』という気持ちになるものです。

ところが、せっかく部下が「お先に失礼します」といっているのに、机に向かって下を向いたまま、顔も上げずに返事一つしない人もいます。つまり部下は完全に無視されたことになります。これは『お前になんか返事することないよ』といっているのと同じことになるのです。こうした態度をとられた部下が、この人のためならなんでもしようと思うはずがありません。

このような思いやりのないことをするのは、第一に部下に関心を持っていないということ、第二に感謝の心がないからでしょう。あるいはそうした心を持っていてもそれを表現する話し方ができないのかも知れません。

第８章　相手の価値を認め、重要感を満たす

前章では、人間関係を悪くしない話し方の原則について述べました。この原則を知らないために、自分で気がつかないうちに人間関係をこわしている人があなたのまわりにもたくさんおります。そのことを知らないために、相手に恨まれたり、不幸になっている人さえいるのです。人間関係を悪くしない話し方をぜひ身につけなければならないと思います。

本章では、人間関係をよくする話し方として、話の機能を理解し、重要感を満たすことが人間関係をよくするということを申し上げます。

話には、四大機能といわれる大きな目的があります。

①　**説得の機能**　自分のいうことを相手に聞いてもらう働き

②　**説明の機能**　相手が分からないことを理解させる働き

③　**情緒的な変化を与える機能**　おもしろかった。良かったという印象を与える働きで、落語や講談などがこれにあたります。

④　**心理的結合をはかる機能**　相手と一層親しみを深める働きを持つもので、日常会話がこれにあたります。ことば自体の意味よりも、言葉を交わすことが重要な役割を持ち、人間関係もこうした会話を通して作られます。

1　親しみを深めるには

同じ職場で、何年も机を並べていても、仕事以外の話はしないという人とは、あまり親しみはわかないと思います。ところが、入ってきてまだ半年も経たないけれど、一緒に食事をしたり、相手の家に呼ばれたり、酒を飲んだりすると、何年も付き合ったように親しみは、ずっと深まるものです。

仲のよい友人について考えてみますと、スキーの好きな人ならスキーの仲間が、野球の好きな人なら野球のグループがきっと自分の友人に多いと思います。つまり、ゲームを一緒に楽しんだり、一緒に練習することは、親しみを深め人間関係をよくするための一つの方法といえます。親しみを一層深めるためには、できるだけ多くの機会をとらえて、いっしょに話すことが大切になります。話の内容はどんなことでも、言葉を交わすことで、その目的が達成できるのです。

乗り物に乗って、隣の席に座っていても、一言も話さなければ、親しみなど湧いてくるはずはありません。ところが、挨拶をきっかけにして、いろいろと言葉を交わせば、親しみが深くなり、初対面の人でも降りる時に別れが惜しくなることもあります。

家庭のなかでも、親が子供の意見を聞かない、夫が妻の話を聞かないなど、一つの家の中にいるのに、まったく別な生活をしていて、家族が話をしないという家庭もあります。こういう家庭では、幸せなど望むべくもありません。

2　相手の重要感を満たす

どこの職場でも勤務評定が行われています。わたくしの友人のＫ君は、仕事を大変よくやる人で、そのうえ頭の回転が早く、彼の勤務評定はいつもＡランクになっていました。このことを知っているＫ君はその期待に応えるように、いつも他の人に負けないように仕事に精力を注いでいました。ところが、係長が変わるとＫ君の仕事振りに押されるので、Ｂの評定にして、課長のところに勤務評定を出したのです。ところがＫ君の日頃の仕事振りを知っている課長は「Ｋ君がＢということはないよ」とＡに訂正したのです。このことは、たまたま課長の席に仕事の打ち合わせで居合わせた同期の他の係の鈴木君から、Ｋ君の耳に入ったのです。

Ｋ君は課長が信頼してくれていることに大変感激しましたが、新任の係長には「何だ、まだこの係にきて、幾日もたたないのに、よく見ないでＢなんかつけて」と強い反感を抱き、係長が何か聞いても「わかりませんね」と協力する気もなくなったというのです。

人間は、自分のことを理解し、自分を重要視してくれる人に対しては、好意と感謝の心を持ち、それに応えて一生懸命にやろうとする気になりますが、重要性を認めてくれない人には強い反感を持ち、やる気をなくしてしまうのです。

カーネギーは、**人間のもつ欲望の中で最も強いものは、他人に認められることを渇望する気持ち**であるといっています。これこそ、人間の心を絶えず揺さぶっている焼けつくような渇きなので、これを満たしてあげる人こそ、他人を動かすことのできる人だと、いいきっています。

では、こうした重要感を満たすためにはどのように、話したらよいのでしょうか。

3　重要感を満たす話し方

あなたは、部下に仕事を頼む時、どう話しますか。ほとんどの人が「君、この仕事急ぎだから、ちょっとやってくれ」としかいわないようです。こういう場合でも、部下の価値を認め、重要感を満たす言葉をいれて話してほしいものです。

「鈴木君、他の人はどこにいったのかね」

「くわしいことは分かりませんが、それぞれ仕事ででかけたようです」

「そうか、でもきみがいてくれてよかった。ちょっと難しい仕事だからぜひ君にやってほしいと思ってきたんだが、君が残っていて本当によかった。この仕事、お願いしたいんだが」

　こういわれれば、鈴木君は喜んでやるでしょう。しかも、期待に応えるよう、よい仕事をしようと頑張る。やる気を起こすのです。もし、こんないいかたをしたらどうでしょう。

「鈴木君、いま君一人か？　他の人はどこへいったのかな」

「詳しいことは分かりませんが、それぞれ仕事ででかけたようです」

「そうか、よわったな。君だけしかいないのか……君にこの仕事できるかな、まあ、君でもいいや、この仕事やってみてくれ」

　このように、自分の価値を否定されるような言い方をされて、部下はやる気を起こすでしょうか。

「どうせおれにはできないよ。たくさん間違えてやろうか」とかえって投げやりな気持ちになってしまうでしょう。相手の重要感を満たす話し方をするかしないかによって、結果は大きく変わってくるのです。

　このことは、女性であっても同じことです。町役場に勤めて十五年になる会田さんは、あるとき収入役室長が一週間ほど出張するので、留守のあいだ、支払い業務のすべてをやってほしいといわれたのです。そのときの上司の言葉に感激して、今でも忘れないといっています。

「日頃のあなたの仕事振りを見て、感心しています。わたしの留守のあいだ、大変でしょうが、支払いの仕事一切をお願いします」といって、金庫の鍵を渡されたのです。会田さんは、わたしより、先輩の男子にとお願いしたのですが、

「これは、普段のあなたの仕事振りを見て、あなたならできると見込んで頼んでいるのですから」といわれて感激し、信頼してくれた上司の言葉に、どんな苦しいことでも責任を持ってやってみようという気持ちになったというのです。

こうした例はたくさんあります。また、反対に上司の一言でやる気をなくしたり、自信を失った例もあります。職場の仕事は一人でできるものではありません。すべて、部下を通して仕事が行われるのです。それならば、やる気を持った部下を一人でも多く持つことがあなたの仕事を成功させることにつながるのではないでしょうか。

「君の意見のおかげでこんどの仕事もスムーズに進んでいるよ」

「この仕事は、君でなければできないものなんだ。ぜひ引き受けてほしい」

「君のことを頼りにしているんだ。よろしく頼むよ」

このような、相手の価値を認め、重要感を満たす言葉をできるだけ多く使うようにしたいものです。

心理学者のフロイトは「人間のすべての行動は、偉くなろうとする希望と、性の欲望から発する」といっています。

人間は肉体の健康を維持するのに食物が必要であるように、精神の健康を維持するため

にも、重要感を満たす言葉が必要なのです。

人間関係をよくする話し方の中で、いままでのべてきました、積極的に挨拶をしようとか、惜しみなくほめことばを使おうということにしても、相手の重要感を満たしてあげることの一つなのです。

読者の中には、「わたしはお世辞をいうことは苦手で」とか「ご機嫌取りなどてれくさくてね」という人がいるかも知れません。相手の価値を認めることばやほめことばは真実のことを本心からいうのです。これに対して、お世辞やおべっかは心にもないことを口先だけでいうことです。

ほめことばや相手の価値を認めることばは、相手のよい点を発見し、理解し、知らせてあげるという心構えから出るものですが、お世辞は、自分の利益のためという利己的な心から出るものです。

宮本武蔵を書いた、吉川英治さんは『われ以外みなわが師なり』ということばを座右の言葉にしていたそうです。人々に会うと、みな自分にないすばらしい点を持っているといいます。常に会う人からよい点を見出し、自分の足りない点を反省したといいます。アメリカの哲学者のエマーソンも「どんな人間でも、何かの点で、わたしよりすぐれている。わたしの学ぶべき点をもっていることで」と同じことをいっています。

こうした人でさえ、他の人間のすぐれている点を見ているのですから、わたくしたち凡人が、「あいつはほめるところがない」などというのは、自分に相手を見る目のないことを喧伝していることになります。「この人は字がきれいだ」「この人は計算が早い」「この人は時間を正確に守る」などいろいろすぐれている点がみつかるものです。相手の重要感を満たすことばを与えた本人は忘れても、相手はそのことを胸に深くしまい、終生忘れないことになるでしょう。

第９章　命令の与え方

上司が命令を部下に与えたときに、部下にはそれを受けて、やりたいか、やりたくないかという選択をする権利はありません。つまり、命令には強制力がありますので、部下は一応それに従います。しかし、問題は部下が積極的な気持ちでその命令をするかどうかということです。

命令を与えられて、部下が心から「やろう」と思った場合は、仕事はうまく、しかも早く進みます、いやいやしていたのでは能率は上がりません。また、命令の与え方が悪いと、正確に命令が伝わらなかったり、聞き間違いを起こして関係が悪くなることにもなります。

1　質問話法を使って相手の自主性を尊重する

部下が進んで命令をやろうとする気持ちを起こさせるには、二つの問題があります。

第一は**日頃からの上下関係**です。部下が上司に対して日頃から尊敬し、信頼していれば、その上司の命令を全力を尽くして、いわれぬ先のことまで考えて仕事を進めるでしょう。

反対に反感や憎しみの気持ちがあったとしたら、同じ仕事でも、いわれた最低限のことしかしないでしょう。この問題の解決には、いままで述べてきた豊かな人間関係をつくる話し方を参考にして、ふだんから人間関係改善の努力を惜しまないことにつきます。

さて、第二の問題は**命令を与える場合の技術的な話法**を知っておくことです。人間は自由でありたいという欲望があり、人から押し付けられることを極端に嫌います。ところが、命令というものは強制力をもったものですから、この押しつける性質を持った命令は押しつけがましさを感じさせないような与え方をしたいものです。「自分で考えて、自分でするんだ」と相手に思わせて、積極的に行動することができれば、最高です。そこで使っていただきたいのが、これから申し上げる質問話法なのです。

これは、「**イエス・バット方式**」ともいわれています。命令を与えるとき、「山田君、君はいつもいいアイデアを出すので聞いてみたいんだが、この仕事だけど、きみだったらどうすすめるかね?」と聞いてみることです。

「そうですね。わたくしなら……」と答えが返ってくるでしょう。一般的には、あなたが考えている方法より優れたものが出ることは少ないでしょう。時には、まるで見当はずれな答えが返ってくるかもしれません。しかし、このとき頭からけなしたり、否定しないことです。

「何だ、そんなやり方なのか、だれだってわかっているよ」

相手は、すぐに反発して「じゃ、自分でやればいいのに、わたしに聞く必要ないでしょう」というでしょう。

自分の考えと合わない場合でも、まず受け入れてあげることが大切です。

まず、イエスというべきなのです。この「イエス・バット方式」は、人間関係を処理するときの黄金のコトバともいわれています。

人間関係の処理のまずい人は、人のいうことを、いきなり頭から否定します。「それは違う」「そんなのだめですよ」「それはできっこないですよ」――こういわれたときに、素直に「ああそうですか」と引っ込みません。人間はこう相手が出ると「どこが違うのか根拠をいってほしい」と反発してきます。

それを避けるために、相手を否定しないでまず受け入れるのです。

自分の考えと違っていても、「なるほど。それはいいね」といってまず受け入れてから、「しかし、ほかになにか方法はないかな」と質問することなのです。こうして、どんどん相手に質問して、相手自身に答えを出させ、こちらの望む結論に導いていきます。人間の考えることにはそれほどの違いはないものですから、いくつか聞いているうちに、たいてい自分と同じような意見が出てくるものです。そのときは、「やあ、それはいいね、今までで一番いいよ。やっぱり君はいいアイデアを出すね、今の方法でこの仕事をやってみてくれないかね」というのです。

こうすれば、部下は自分の考えを取り上げてくれた上に、ほめられたのですから、だれでも進んでやろうという気持ちになるものです。

堀川直義博士も、アメリカの心理学者レアードの「命令とは質問なり」という説明にこのような例を使っています。

しかし、これを単に命令を与えるときのテクニックとして応用するのは困ります。この「イエス・バット方式」の根底には、**相手の自主性を尊重するという人間関係の基本**がなければいけません。

一般的には部下は、経験も少ないし、年齢も若いが、それだけに、上司よりフレッシュな意見を持っているかも知れません。自分が命令を与える前に、部下はどういう考えを持っているのか、一応聞いてみて、もし、自分より優れた案をもっていたら、それを取り入れていこうという、部下に対する信頼と誠意がなければテクニックはかえって有害となります。

2 正確に実行させる

命令を与える場合に、大切なもう一つの要素は、**命令を正確に実行させる**ことです。命令したことが間違って行われたのでは、やらないよりも悪い結果になることも考えられるのです。

正確に命令の内容を伝達するためには次の点に注意をします。

① 内容の組み立ては5W1Hの要素による

つまり、いつ（When）・どこで（Where）・誰が（Who）・何を（What）・何のため（Why）・どのように（How）という項目を順序だてて話すことが大切です。

② なるべく簡潔に、自分の意見などは加えないように注意する

③ ゆっくりと、しかもはっきり話す

数字は入っているときには特に注意します。一（イチ）と七（シチ）。間違いをなくすには、四はヨン、七はナナ、二はフタと読みかえるとよいでしょう。

④ 耳で聞いてわかることばを選ぶ

つまり、書きことばや同音異義語はなるべく言い換えます。また、病院―美容院・事実―技術・医師―技師―義歯―義姉などの類音語もいいかえをするようにします。

たとえば、ある課長から、横の山田という女性の社員が、

「山田さん、すまないがホウキをもってきてくれないか」

と頼まれました。山田さんは、ハイと返事はしたものの、『掃除の仕方でも悪かったのかしら』と不審に思いながら、箒をもって課長のところにいきましたところ、

「だれがこんなもの持ってくるようにいったんだね。法律の本（法規）を持ってくるように頼んだんじゃないか」

と、怖い顔で叱られたというのです。これは、命令した課長のほうにも、もちろん責任はあります。しかし、命令を受けた、山田さんも、「課長、ホウキで床をはくのですか」と自分のコトバで尋ねてみると、間違いは防げるものですが、そこまで社員教育は行きとどかないでしょう。

3　目的（何のため）だけは忘れない

じょうずな命令のためには、これだけ忘れないでほしいと思う事柄は、５Ｗ１Ｈの中に「何のため」という、**命令の目的を相手に伝えるのを忘れない**ことです。命令が正しく伝わらなかったり、ことばの行き違いの起きた原因を調べてみますと、そのほとんどが「何のため」という目的を伝えなかったために起こっています。わたくしが実際に経験した例があります。

学期末の終業式の前に、大掃除をしていました。職員室も担当の生徒が入って、机を片付けたり、床を拭いたりして、先生・生徒が一生懸命働いていました。わたしは、風邪をひいて、熱があったのですが、終業式のために無理して出勤していました。まわりの人に、気づかれたくないのですが、頭痛がひどくなったので、そばにいた丸山先生に、

「丸山さん、悪いけど水持ってきてくれない」

と頼みました。『ハイ』といって出ていった丸山先生は、わたしがポケットから頭痛の錠

剤を出して待っているのに、なかなか帰ってきません。どうしたのかなと思って待っていますと、

「遅くなりました」といって、おおきなバケツに、水を一杯いれて持ってきたのです。わたくしは、おもわず大笑いしてしまいました。なにしろ、わたしの頼んだのはコップ一杯の薬を飲む水だったのですから。丸山先生は「いつもわたしは、おっちょこちょいで、すみません」とあやまっていましたが、あやまるのはむしろわたしの方です。自分のことだけ考えて、その場の状況を考えないうえに、『薬を飲むのだから』という目的を言うのを忘れたのが原因です。

命令を口調で与えるときには、この〈何のために〉ということをぜひ忘れないようにしたいものです。

4　こういう命令は紙に書く

毎日の仕事の命令や指示などは、ほとんど口頭で伝えられます。しかし、次のような場合には、文書にして（コピーをとる）渡す方がよいと思います。

①　順序を間違えると、面倒な結果を招く恐れがある場合

新年度の人事など、講師や新採用者の交渉などを分担するような場合は、ある結果によって、次の手順が変わることも多いのでとくに注意して、紙に書いたり、報告の時期を決

めておくようにします。

② **内容が複雑なもの、一度にいくつかのことを命令する場合**

③ **とくに正確を期さないと重大な結果を招くおそれのある場合**

こうしたコミュニケーション能力を身につけることが、仕事の能率上、大きな差となります。日本ではまだまだ軽視されていますが、本当はもっともっと真剣にこうした技術的な話法に取り組むべきだと考えます。

第10章　してはいけない話し方の二原則

これまで、人間関係をよくする話し方についての方法を述べてきました。「明るくよいものの考え方をしよう」「微笑を投げかけよう」「積極的に挨拶をしよう」「惜しみなくほめことばを使おう」「名前を覚え名前を使おう」「相手に話させよう」「他人のことに関心を示そう」というように豊かな人間関係をつくることを話してきました。しかし、**人間関係を悪くしない話し方の原則**も必要かもしれません。

この原則を知らないために、自分で気がつかないで人間関係をこわしている人がたくさんいます。そのことを知らないために不幸になっている人さえいるのです。人間関係を悪くしない話し方をぜひ身につけてください。

1　第一原則　相手の自尊心を傷つける言い方をしない

わたくしは、よく、人間は**勘定の動物**であり、**感情の動物**であるといいます。

まず人間は勘定の動物です。つまり人間は金銭の利害によって、行動する場合が非常に多いということです。

子供にお使いを頼むときを考えてみますと、

「一郎、ちょっと文房具屋にいって赤のサインペンを買ってきてくれない?」

「いやだよ。これから勉強するんだから」

といって、素直に行きません。そこで、

「行かないのか、花子、お釣りから五百円あげるからお使いに行って」

といいますと、さっき行かないといった当人が、

「何だ、五百円なら行くよ」と千円をひったくって出て行くでしょう。

会社などでも、残業だといいますと、もし残業手当てがつかないとすれば、

「また、残業だって。本当にうちの会社は人使いが荒いから、課長が見にきたときだけやってるふりでもしようよ」と文句をいうでしょう。

しかし、割増しの超過勤務手当を出すといえば、

「課長、わたし三人分働きますからやらせてください」とか、「残業大好きですから、わたしは毎日やります」ということになります。

人間は自分の利益になることなら喜んでやりますが、利益にならないことはやらないという、利害関係に強く支配されることが多いものです。

ところが、人間を動かすもっと強いものがあります。それが感情、つまり**自尊心**なので

す。いくら利益になることでも自尊心が許さなければ人間は行動しません。また、自尊心を守るためには、どんな犠牲でも払うものです。

自尊心を傷つける話し方というのは相手に否定的ないい方をするということです。こうした話し方をしますと、たとえ自分で悪かったと思っていることでも反発してきます。

わたくしも外にいるときには、相手の自尊心を傷つけないよう注意していますが、家に帰ったときなど、つい気がゆるんで否定的ないい方を家内にして、失敗することがあります。

わたくしは、ご飯は固めに炊き上がっているのが好きなのですが、時に柔らかく炊かれていることがあります。普通のときですと、相手の自尊心を傷つけないように、

「おや、きょうのご飯どうしたの、お米でも変えたの？　いつも、おいしくご飯が炊けているのに、今日は少し柔らかくないかな。お母さんにしては珍しいね。まあたまには柔らかいご飯もいいさ。胃には優しいから」と肯定的にいえば、

「どうもすみませんでした。新米を食べていただこうと思ったのですが、どうも水加減を間違えたみたいで、明日はおいしく固めに炊きますから」と素直に自分の失敗を認めて、あやまります。人からいわれなくても、自分で「今日のご飯の炊き方は失敗したな」と分かっているんです。ところが分かっていても、否定的にいわれれば大変なことになります。

「母さんのご飯の炊き方はなんだい。まるでお粥みたいに柔らかいな。一体何年メシをた

いてるんだい」とでもいってごらんなさい。結婚したての頃なら、メソメソと涙を流したり、「ああ、悪い言い方をしちゃったな」と反省もしましたが、最近ではすっかり強くなっていますから、

「そんなに柔らかいのがいやだったら、食べなければいいでしょう。文句いうのだったら自分で炊いたらいいじゃないですか。うちの炊飯器は、旧式なんですよ。お米が変わってもおいしく炊けるファジー機能付の炊飯器でも買ってくださいよ」といわれてしまいます。

わかっていても否定的にいわれれば、自尊心を守るために反抗するのです。

極端な例ですが、否定的ないい方をして、可愛い娘を自殺させてしまった父親もいます。この娘さんは少し婚期が遅れていて、自分でもそのことを大変苦にしていたようで、家の人たちもなるべくこのことに触れないように気を使っていました。ところがあるとき、台所で洗い物をしていたとき、手をすべらしてガチャンと茶碗を割ってしまいました。この音を聞いた父親が、

「なんだ、またやったのか。そんなこと一つ満足にできないから、いつまでたっても嫁に行けないんだ」

といってしまったのです。このことばを聞いた娘さん、自分の父親からひどいことをいわれたのを悲しんで首をくくって自殺してしまったのです。父親とすれば、まさか自分のいった一言が娘を自殺させるとは夢にも思っていなかったでしょう。一生懸命にやりなさ

いという激励のつもりだったのでしょうがその言い方が否定的であったために、取り返しのつかないことになったのです。

ことばに消しゴムはきかないのです。自分がなんでもないと思っていたことばでも、相手にとって大きく傷つけられることになる場合があるのです。こうした否定的な言葉は、ほとんどが感情に走ったり、衝動的にものをいったりするときに出るのです。

職場で注意するときも「そんなやりかたではダメだ」というより「こうやったほうがいいよ」と肯定的な話し方をすることが大切です。

2　第二原則　ことばの行き違いをなくすことにこころがける

わたくしたちは毎日たくさんのことばを使い、話しをしています。そして、誰もが自分のいったことが正しく相手に伝わるものと信じて疑いません。ところが、これは間違っています。自分のいっていることはまず八〇%は間違って聞かれると思ったほうがよいでしょう。家庭でも職場でもことばの行き違いがあふれています。これが原因で人間関係を悪くしていくことが多いのです。

ことばの行き違いは、意味のあいまいなことばを使うことが原因です。

会社で仲のよい二人がいました。A子さんは昼食の時にいつもヨーグルトを飲んでいました。B子さんが仕事をしていると牛乳屋さんがきて、「A子さんいないんですか、今日ヨーグルトがなくなって、牛乳ならあるので、後で持っていきますが……」と言うのです。A子さんはコピーの仕事で印刷室に行っていましたので、B子さんが印刷室に行って、「今日ヨーグルトがないんですって。牛乳ならあるんだけど、牛乳でもいい？」と聞きますと、A子さんがちょっと考えて、

「そうなの、ヨーグルトないの……じゃいいわ」

こういわれて、B子さんはこの『いいわ』を「牛乳でもいいわ」と受け取り、牛乳屋さんに頼みました。しばらくして、牛乳が届いたので、

「A子さん牛乳来たわよ」といいますと「あら、牛乳なんて頼まないわ」

「なにいってんの、さっき印刷室まで行ったら、牛乳でもいいといったでしょう」

「冗談じゃないわ。牛乳ならいらないって言ったでしょう」これで仲のよい二人はけんかになってしまったのです。この原因はどこにあるのでしょう。

『牛乳でもいいわ』『牛乳ならいいわ』という、どちらにでもとれる「いいわ」ということばを使ったのが原因です。断るのなら、『牛乳ならいらないわ』とハッキリ断りの意味をあらわしたことばを使わなりればいけません。B子さんのほうも『牛乳でいいのね』と聞き返すことが必要だったのです。そうすれば、おそらくこの行き違いは防げたはずです。

このほか日本語には同音異義語があります。文で書いてあれば、見るとわかるのですが、耳で聞いては区別のつかない場合に行き違いが起きることになります。

ＪＲ山手線で事故があったとき、新宿駅の放送で、「この次まいります電車は、ゼンブが駅長室付近に止まります」というアナウンスでお客が駅長室の方に移動しましたが、この「ゼンブ」は『全部』ではなく『前部』だったのです。

「明日しゅうぎょう時間に会議室に集合してください」といわれましても、しゅうぎょうには、仕事を始めるときの『就業』と終わる時の『終業』があります。字ではわかりますが、耳で聞いてわからないことばは、「仕事を始める時」というようにいいかえをするように心掛けることで、行き違いを防ぐことができます。

こうしたことばの行き違いを防ぐには、次の点に注意することです。

①　相手の立場を考えて話すこと
②　意味内容のはっきりしたことばを使うこと
③　相手と共通の意味内容のことばを使うこと
④　同音異義語や類音語は他のことばにいいかえること
⑤　はっきりした発音で話すこと
⑥　相手が知らないことばを使わないこと
⑦　相手の話をくりかえし念を押すこと

話というものは、自分が考えていることがそのまま正しく相手に伝わると思わないことです。わたくしたちのまわりには、いつもことばの行き違いがあり、それによって人間関係をこわしていることがたくさんあるということを知ってほしいものです。

ことばはわたくしたち人間が生活していくための大切な道具です。それだけに使い方を誤らないための努力を払ってほしいと願っています。

第Ⅱ部

「心をつなぐ講話」編

1　たくさん「ありがとう」と言える1年にしよう

★話のねらい

・「ありがとう」と、感謝の言葉が素直に誰にでも言える優しい心を育てる

本校では、自分で作る「弁当の日」を5、6年生で行っています。今日は、弁当を作っての感想文を紹介します。

「ぼくは、弁当の半分以上は自分で作りました。お母さんが、手伝ってくれたので、まあまあきれいにできました。作り方や道具なども教えてもらいました。お母さん、いっしょに作ってくれてありがとう。あんなにすばやく料理ができるなんて、お母さんはすごいなあと思いました。こまかくきっちりと最初から最後まで教えてくれてありがとう。料理はすばやくしないとこげたり、失敗したりすることがわかりました。火の加減は、すごく難しいとわかりました。……」という作文です。初めての弁当の日に弁当を作ったとき、お母さんに作り方や道具の使い方を教えてもらったり、手伝ってもらったりしたことに感謝するものです。

さらに、毎日食事を作るお母さんのすごさに感激して、「ありがとう」という感謝の言葉が何度も書かれています。私は、この作文を読んだときに胸が熱くなり

★話のポイント
・母親に感謝の言葉が素直に言えたことの素晴らしさを称賛する。そして、他人に対する感謝の気持ちは、自分の心も優しく大切にすることに気づかせたい

感激しました。みなさんも、お父さんやお母さん、友だちに「ありがとう」と感謝することがあると思います。そのようなときに、この作文を書いた人のように、思い切って「ありがとう」と言ってみましょう。心の中が温かくなり、優しい気持ちになります。感謝するものはないという人がいるかもしれませんが、「ありがとう」と言えるものを探してみてください。感謝するのは人だけではありません。生き物やみなさんが使っているものにも、「ありがとう」と言えることはたくさんあります。探すことによって、みなさんの周りの人やもののよいところが見つけられます。

今日は、新しい学年になって最初の日です。お父さんやお母さん、友だちに「ありがとう」と言えることを見つけてください。そして、「ありがとう」と言葉にして、日ごろの感謝の気持ちを伝えてみてください。自分の心だけでなく、「ありがとう」と言われた人も温かく優しい気持ちになります。

私は、みなさんに優しい心をもった人になってもらいたいと思います。そして、みなさんといっしょに「ありがとう」がたくさん聞こえる○○小学校にしたいと思っています。全校生のみなさん、たくさんの人やものに「ありがとう」と言える1年にしましょう。

（善生　昌弘）

2　言葉遣い・場にふさわしいマナーについて

★話のねらい
・「相手に応じた言葉遣いや場にふさわしいマナーを身に付けよう」という意識をもたせる

今日は、最近、東京に行ったときに、たった1時間の間に見かけた小学校入学前位の小さな女の子と男の子の話をします。

言葉遣いとマナーについての話です。

【女の子編】（新幹線で東京駅に到着し降りるときに、とても可愛らしくて、家の人にお姫様みたいに大切にされている女の子を見かけたこと。停車の際に少し揺れ、後ろに立っていた母親が女の子にちょっとぶつかったときのことの紹介）

女の子は、振り向いて、何と言ったでしょう？（子どもたちに考えさせる…）

その女の子は、こわい顔でお母さんを睨み付け、大きな声で「何すんのよ～！痛いじゃないよ～！」と叫んだのです。校長先生は、本当に驚きました。「大切なお母さんに向かって、それもこんなにたくさんの人がいる場所で……」と思いました。自分の可愛い娘から、そんなひどい言葉を聞いたお母さんはどんなに恥ずかしく、残念だったことでしょう。

★話のポイント

・たった1時間の間に見かけた女の子と男の子の言葉遣いとマナーについて紹介し疑問をもたせる

【男の子編】（新幹線を降り山手線に乗車時、向かいの席に男の子と母親が座ったこと。男の子は持っていたおやつが食べたくて母親にせがんでいた様子の紹介）

お母さんは、「我慢しなさい！　列車の中では周りの人に迷惑がかかるでしょ?」と注意し、男の子は、「でも、食べたいな！」と、そんなやりとりが二・三回ありました。列車の中で飲食すると、立っている人の服に食べ物がついてしまったり、臭いがしたりしますね。そのうち男の子は眠ったふりをし始め、我慢をしていました。降りるとき「よく我慢したね！」とお母さんにほめてもらった男の子は、にこっと笑ってうなずき、お母さんと降りていきました。

同じ位の年頃なのに、随分違う二人です。皆さんはどんな感想をもちましたか?

女の子は、お母さんに、棘のある言葉を言って傷つけました。ほかに言い方はないのでしょうか?言葉にイライラした感情をのせたり、いやな言葉を使ったりすると、相手や周りの人を傷つけます。男の子は、しっかりと我慢しましたね。

お母さんの言うことの意味を考えながら、場にふさわしいマナーを学んでいます。

みなさんも、普段からマナーを守ろうと心掛けています。これからも、「相手のことを考え、温かい言葉を使う子どもになってほしい」「周りの人のことを考え、場にふさわしいマナーを守る子どもになってほしい」と、心から願っています。

（及川　芙美子）

3　三つの「カエル」

★話のねらい

・カンガエルと自分に自信が持て、キリカエルとアイデアが浮かぶ。そして、フリカエルと自分の成長がわかる

田んぼでカエルが鳴いています。三つの「カエル」のお話をしましょう。

一つは、「カンガエル（考える）」というカエルさんです。全校朝会でどんなお話をしようかと考えたり、レストランでエビフライにしようかトンカツにしようかと迷ったりしたときに、ぴょんと頭の中に出てきます。算数の問題が解けないとか、Aさんに話しかけても知らんぷりされるのはなぜかなと、わたしたちは、毎日いろんなことで悩んだり迷ったりしますね。そんな時、ちょっと立ち止まって考えなさいと教えてくれます。このカエルさんは、考えれば考えるほど大きくなって、とても賢くなっていくカエルさんです。

二つ目は、「キリカエル（切りかえる）」です。お父さんやお母さんから叱られて気分が真っ暗になっているとき、どんな手を打っても相手が強くて試合で押されっぱなしのとき、難しい問題に挑戦していくら考えても答えがどうにも浮かんでこないとき、ぴょんと心の中に出てきます。終わったことをくよくよするなよ。

★話のポイント

・三つのカエルは、自立を育む常備品として、校内の声かけに、まずは先生方から使ってほしいという思いがある

今度頑張ろうよ。おいしいケーキでも食べて忘れようって、励ましてくれます。6年生が分数の割り算の意味を考えていました。式だけではどうしても説明がつかないとき、図や線分図を使っていくなど、作戦を変更していくのもキリカエルです。このカエルさんは、うまくいかなかったときは後ろを見るよりは、前を見ていこうよと教えてくれます。

三つ目は、「フリカエル（振り返る）」です。キリカエル君とは逆のことをします。もう終わってしまったことを振り返ります。みなさんもよく「反省会」というのをしますね。これも振り返りの一つです。なぜするのでしょうね。それは、自分が経験したことを、なぜうまくいったのだろうかとか、なぜ失敗したのだろうかと振り返ってみて、この次に生かしていくためなのです。

わたしの机の引き出しには、たくさんのフリカエルさんがいます。小学校の時の通知表、いろんな賞状や卒業証書、亡くなったお母さんの写真、初めて生まれた子どもの写真、それに小学校のときに集めていた切手のシート、いろいろあるけど、どれも手にしてフリカエルと心がなんだか温かくなるのです。

カンガエル、キリカエル、フリカエル、三つのカエルをもっているととてもよいことがあるんですよ。

（鈴木　弘康）

4 小さな力を集めよう

ずいぶん暑くなってきました。黒沢の峰に入道雲がもくもくと顔をのぞかせるようになってきました。入道雲のことを「雲の峰」とも言うそうです。雲が空に山のように勢いよく沸き立っているからでしょう。「雲の峰」という言葉には夏のエネルギーがあふれる力を感じますね。

さて、先週の日曜日に、K市小学生ドッジボール大会が行われました。この学校からも三チーム出場し、Aチームが見事、優勝を果たしました。おめでとう。その試合を観戦していて、三チームそれぞれにとてもすがすがしい気持ちをもらいました。今日はそのお話をしたいと思います。

スポーツをするときに、「チームワーク」ということをよく聞きますね。この大会に出場したみんなは、ゲーム中、すごく素敵なチームワークを発揮してくれました。チームワークという言葉を日本語で表すと「協力」でしょうか。

今日は、書いてきましたので見てください。「協」は左に「十」を書いて、右に

★話のねらい

・スポーツの「チームワーク」を題材にして、協調性や思いやりの心をはぐくむ

★話のポイント

・集団行動で大切にすべき「協力」の意味を考えさせることによって、改めて帰属意識や集団の中での自他の役割について学ばせる

「力」を三つ重ねます。そして「力」を付けて「協力」です。漢字を見るとよく分かるのですが、「協」の字には小さい力がいっぱいあります。では、左の「十」はどうでしょう。漢字の左の部分は「部首」と言ってその字の意味を表すことが多いのですが、「十」は、「たくさん、多い」という意味を表します。小さい力がいっぱい集まって大きな力になる、これが「協力」です。

みんなも、この大会でしっかり協力していました。小さい力をうまく集めて、大きな力にしていきました。だから、勝つことができたのですね。

反対に、大きな力が一つだけでは、無理だったかもしれません。例えば、１人の子だけが強いボールを投げるより、小さな力で上手にパスしながら相手を攻めていった方がうまく当てることができますね。それから、中には、補欠となって試合に出ずに我慢した子もいます。これも、チームプレーの中ではとっても大切なことで、我慢したみんなも、小さな力です。そうやって、小さな力が集まることによって大きな役割を果たしていくことになります。教室の中にも、運動場にも、さまざまな生活の中にも協力をして大きな力にできる場面がありそうです。

これからますます暑さも厳しくなってきます。でも、それに負けないみんなが、小さな力をうまく合わせて元気に頑張ってくれることを楽しみにしています。

（藤田　直子）

5 いろいろな「もの」の見方

★話のねらい
・ピカソの絵から、既成概念にとらわれないことや物事・人などを一面的に考えたり、見たりしないことの大切さを知らせる

さて、ここに1枚の絵があります。女の人の顔を描いたものですが、何か変な絵ですね。もう1枚、こういう絵もあります。何が描かれているか分かりますか。「瓶」が描かれているのです。これらの絵を描いた人の名前は「パブロ・ピカソ」と言って、とても有名な人です。スペインで生まれ、子どもの頃から天才だと言われてきた人です。そんな天才と言われてきた人が、どうしてこんな「変な」絵、「分かりにくい」絵を描いたのでしょう。

実は、この絵の描き方は子どもの頃の誰でもがしているものなのです。ピカソは子どもの絵の描き方から、こういう「もの」の見方と絵の描き方のヒントを得たと言われています。

それでは、もう一度先ほどの絵を見てみましょう。まず、女性の顔の絵から見てみましょう。鼻とこちらの目と口の半分は横から見た形ですが、こちらの目と口のこちら半分は正面から見た形です。次に、このごちゃごちゃとした絵です。

★話のポイント
・いろいろな面から見ることで今まで見えなかった本当の姿が見えるようになることを感じ取らせるように話を進める

ここに口にあたる円が描かれています。これが胴のところの線です。ここは底の部分にあたる円の一部です。見えてきましたか。

つまり、紙という平面には、一つの方向から見た形しか描けないから、いろいろな方向から見える形をたくさん組み合わせて描き上げるというものです。そして、頭の中でいろいろな方向から見た形を組み合わせれば立体的な絵になるというわけです。

これらのピカソの絵は、私たちにいろいろなことを教えてくれています。

私たちが普段目にしている三次元にあわせるのではなく、二次元の中で「もの」を考えることもできるという、「もの」の見方にはいろいろあること。次に、三次元を表すのに、遠近法を使った表現ばかりではなく、「もの」の表現にもいろんな方法があること。まとめると、一つの考え方に縛られない「もの」の見方・考え方が大切だということです。

みなさんも、国語や算数などの勉強の時にいろいろな面から考えたり、いろいろな意見を聞いたりして決めたりするでしょう。また、「もの」だけでなく、友だちのことも一つの面だけ見ないで違った面からも見ると、今までには持っていなかった面や見えなかった面が見つかることがあります。

（渡邊　鈞）

6「つながり」と「折り合いをつける」子どもに

★話のねらい
・2学期に向け目標の確かめや意欲付けを行う

みなさん。おはようございます。楽しかった夏休みが終わり、今日からいよいよ2学期が始まります。さて、4月のお話でみなさんに今年1年間の『めあて（目標）』のお話をしました。友だちや仲間と「なかよし」になること。もう少し詳しくお話しすると、「心と心をつなぎ、助け合ったり支え合ったりすること、そしてなかよしを大切に育てていく（続けていく）こと」でした。そして、運動会やスマイル遠足など、心と心をつないで頑張ったみなさんの大きな成長の足跡を、1学期終業式でお話ししました。

そんな素晴らしいみなさんに、2学期是非こんな子どもになってほしいという、めあて・目標をお話しします。それは、『折り合いをつける』ということです。折り合いってどういう意味かな、と思うでしょう。それは、「譲り合う、歩み寄る、わだかまりを解く」という意味の言葉です。みなさんの生活の場面で言いますと、友だち・仲間といっても、いつも、なかよしでいれるわけではありません。ケン

★話のポイント

・2学期は、次の成長の姿を具体的に提示し、ステップアップを目指す

カをしたり、いやだなと思ったり、すっきりしないことがあることでしょう。それがわだかまりということです。そんな時、相手の人とよくお話をして、時には先生や学校のお兄さんお姉さんに助けてもらいながら、お互いに譲り合ったり、歩み寄ったりして、ケンカの理由やいやな思いの原因をなくすように努力してほしいのです。そして、毎日の生活の中で折り合いをつけながら、友だち・仲間として、助け合い支え合う子どもになってほしいと願っています。

2学期は、大きな行事として学習発表会があります。セリフや間合いをそろえたり、音のハーモニーをつくったり、大道具や小道具などを完成させたりすることなど、一人ではできないことばかりです。心と心をつなぎ、さまざまな考えや意見に折り合いをつけながら、演技や演奏を表現する大切な行事が学習発表会です。それから、大縄跳び大会もありますね。十人のグループで、息を合わせ動きを合わせ、記録に挑戦します。練習の中で、やはり心と心をつなげ、折り合いをつけることでよい記録が残せることに気付くはずです。

大きな行事をもとにお話ししましたが、毎日の生活の中でも、必ず「折り合いをつける」ことの大切さに気付くことがあると思います。そのときは、今日のお話を思い出してくださいね。これでお話を終わります。

（遠藤　裕志）

7 「よむ」ことは学ぶこと

★話のねらい
・「よむ」ことは学ぶこと。進んで「よむ」という活動をしてほしい

〈「よむ」と板書〉　みなさんは、どんなものをよんだことがありますか。
（子どもたちからは、「本」「詩」「紙芝居」「空気」……）「よむ」を調べてみると、たくさんの意味があります。

まず、「本を読む」「お経を読む」など、声に出して言うことを「よむ」といいます。声に出さなくても、意味や内容をつかんでいくことも「よむ」といいます。本は心の栄養です。夏休みに入ってこれまで何冊本を読みましたか。この長い休みのうちにできるだけたくさんの本を読みましょう。

数をかぞえることを「よむ」というときもあります。「票をよむ」「サバをよむ」などです。「サバをよむ」とは、数や年齢を都合のいいようにごまかすことです。江戸時代、サバは、傷みやすく数も多かったため、早口で急いで数えられていたため、実際の数と合わないことがよくあったそうです。そこから、いい加減に数えることを「サバをよむ」と言うようになったということです

★話のポイント

・「よむ」には様々な意味や使い方があることを、子どもたちの反応を見ながら伝える

「よむ」には、この他に、詩や俳句などを作ること、囲碁・将棋で、先の手を考えることなどの意味があります。

そして、もうひとつ「よむ」には、外面を見て、その隠された意味や将来などを推察するという意味があります。「流行をよむ」とか「心をよむ」というように使われます。「心をよむ」というのは、「よむ」の中でもむずかしいものの一つだと思います。心をよむというと、あまりよくないようにも感じますが、人が生きていく上では、とても大切なことだと思います。相手の気持ちを想像し、相手の気持ちになることが「心をよむ」ことです。みなさんは、人の心をどうやってよみますか。その人の顔や態度、言葉などから想像しますね。そして、それに対して表情や態度やことばを返し、またその反応をみてさらに心をよんでいきます。心がよめないと、人とうまく付き合っていけません。

夏休みには、初対面の人や日ごろなかなか会えない人と会う機会が多くなります。相手の人の気持ちになること、相手の人の心をよむことで、人として生きていく上で大切なものをたくさん得られると思います。

「よむ」ことは学ぶこと。本を読んだり、人の心をよんだりして、この夏休みに多くのことを学んでください。

（夏目　聡）

8　残り姿を美しく

★話のねらい

・使った後の整頓を大事にする心をはぐくみ、落ち着いた生活ができるようにする

今日は、みなさんに考えてほしいことがあります。みなさんが使った後のようすです。

特別教室へ行った後の机と椅子です。図書館の本です。トイレのスリッパです。持って帰らなかった傘です。（写真を拡大して、順に提示）

今、みなさんに見せたものは、全部、あなたの体から離れた物ばかりですね。あなたの物もあれば、学校で使うみんなの物もあります。でも、全部、使った後で、あなたの体から離れた物ばかりですね。実は、あなたの体からは離れていますが、使った物には、あなたの心や性格が移っているのです。使った人のようすが表れています。

「のこりすがたをうつくしく」（フラッシュカードを提示）

教室を出た後の残り姿です。本を戻した後の残り姿です。トイレのスリッパを脱いだ後の残り姿、傘を持ち帰らなかった残り姿です。

★話のポイント
・使った物には使った人の心が移っていることを話すことによって、使った後の姿を大切にすることに気付くようにする

まだまだ、たくさんあります。みなさんの周りには、残り姿がどんなふうになっているでしょうか。

五年生の国語の教科書に『わらぐつの中の神様』というお話があります。わらぐつを作ったおみつさんとそれを買った若い大工さんのお話です。このお話の中で、大工さんが「相手の身になって、一生懸命作った物には神様が住んでいるんだよ」と、おみつさんに嬉しそうに言います。ひょっとすると、神様って、作ったり、使ったりする人の心の中にいるのかもしれません。大事に使って体から離れた物には、その人の心の中の神様が住んでいるのでしょう。

「だれも知らないからいいや」「めんどうだからまあいいや」といい加減にすることなく、使った人の心が移っているからこそ、立ち去る前に、残り姿はこれでいいかなと、見直しができる子になってほしいなと思います。そっと直してくれている子どもたちもいます。すばらしい子どもたちがいることがとっても嬉しいですが、まず、自分が使った物を、自分できちんとして、立ち去った後も美しくしたいものです。学校中のみんなが、残り姿はこれでいいかなと見直し、気を配れる、落ち着いた生活を送りましょう。

みんなの「美しい残り姿」を楽しみにしています。


（川口　町子）

9　見えない星

★話のねらい
・身の周りのことに気付き、感動や優しさあふれる心を育てる

気持ちのよい朝です。朝のさわやかな空気を胸いっぱいに吸い込みましょう。さあ、空を見上げてごらんなさい。雲一つない吸い込まれそうな青空です。何が見えますか。

（しばらく、空を眺めさせる）

昼間は見えないのですが、星が出ているのです。周りが明るいから、今は見えないけれど、実は、夜と変わらず、たくさんの星が出ているのです。言われてみないと気付きませんね。

私は、子どものころ、父にこんな質問をしたことがあります。

「星はどうして夜に出るの？」

父は、こう答えました。

「星は昼間も出ているよ。青い空の奥深く沈んでいる星は、夜になると辺りが暗くなりだんだん見えるようになるのだよ。星が出るのではなく、周りのようすが

★話のポイント

・林間学校での校長講話である。青い空やさわやかな空気をたっぷり味あわせた後、気付きの大切さを事例とともにしっとりと話すようにする

変わっただけなのだよ。人の世にも同じようなことがある。友だちに関心をもってよく見てあげれば、目立たないけれど頑張っている人、仲間外れになって悲しい思いをしている人にも気付いてあげられる」

本当に大切なものは、目には見えないものです。でも、見る方法はあります。それは、心の目で見ることです。昨日の夜、見上げた空の星を思い出してごらんなさい。数え切れないくらいの星が朝の空にもあることに気付くでしょう。

昨日、草原を歩いていた時のことです。しゃがみ込んでいるA君に尋ねると美しく咲いたニッコウキスゲに目を奪われていたそうです。植物が好きなA君は、事典で調べてきた花が本当に咲いていて感動したそうです。他にも高原の花の名前をたくさん教えてくれました。

お弁当を食べるために座る場所を探していた時のことです。私は、寂しそうな顔をしたBさんが気になっていました。その時、「一緒に食べよう」とCさんが声をかけました。Bさんの表情がぱっと明るくなりました。

同じ道を歩いていても、同じ場所にいても心の目で見つめていないと、大切なことを見過ごしてしまうのです。今日もたくさんの感動に出会えるように、優しさに出会えるように、心の目を大きく開いて素敵な1日にしてください。

（神田　しげみ）

10　実るほど頭を垂れる稲穂かな

★話のねらい
・季節がら、実り始めた稲の様子に目を向け、ことわざを通して「謙虚さ」について考えさせたい

楽しかった夏休みが終わりました。みなさんは日焼けをして、少し背が伸びて学校に帰ってきて来ましたね。田んぼの稲も少し様子が変わってきたのに気が付きましたか。

これを見て下さい。5年生が田植えをした田んぼからもらってきました。稲が実ってきていて、穂の部分が大分垂れてきていますね。おいしいお米になりそうです。でも、この二つの穂の様子を比べて見て下さい（よく実の入った稲と余り入らない稲を示す）。何かが違っていますね。気が付きましたか。

そうです。こちらは重そうに垂れていて、こちらはあまり垂れていなくて、まだ上の方を向いています。どちらが美味しいお米がたくさん入っているかわかりますね。この稲の様子を見て、昔の人はこんなふうに子どもに教えました。

「みてごらん。よく実った稲ほどお米の入った穂の部分が重くなって、まるでお辞儀をしているようだね。からっぽの稲はいつまでもつんと上を向いてまるで威

★話のポイント

・完熟に近い稲とまだあまり実の入らない稲を実際比べさせて低学年にも理解させたい。日本人が稲作を通してさまざまな徳育をしてきたことにも触れていきたい

張っているようだね。お米と同じように、本当によくできた人間、つまりたくさんの知識を身に付け、心の勉強もたくさんした人は、決して威張ったりしないんだよ。どんな人にも礼儀を正しく、周りの人に自慢したりせずに、きちんと頭を下げることができるんだよ。ただいばっている空っぽの稲のようになってはいけないよ」

そのことを「実るほど　頭を垂れる稲穂かな」と短い言葉でとても大事な教えにしたのです。みなさんの周りには、よく実った稲のように、だれにでもやさしくて、威張ったり意地悪をしないいい人はいますか。どんな人がそういう人ですか。そして、自分はどちらの稲に近いのか、少し考えてみましょう。

昔の人は、学校で勉強したわけではなくても、自然の様子や田んぼの稲からもいろいろな知恵を学び、人としてどう生きていったらいいのかを考えてきました。それは、点数では表せない、人としての価値にかかわる大事なことです。そして、「教え」として代々子どもに伝えてきました。他にもたくさんありますよ。

稲の実っていく様子をこれからもよく見ながら、自分の心や行いを振り返ってみましょう。では、声に出して読んでみましょう。

「実るほど　頭を垂れる稲穂かな」

（小島　弥恵子）

11 「出す力」と「合わせる力」

★話のねらい

・「(自分が) 出す力」と「(みんなで) 合わせる力」の二つの力をバランスよく、両立できるようにすることが肝要である

暑い中がんばり通した運動会が無事終わり、秋もだんだん深まってきました。その後も、大事な行事が続いています。6年生は甲子園球場での連合体育大会、5年生は五泊六日の自然学校(宿泊訓練)、4年生は新聞社などへの社会見学があります。3年生、2年生、1年生も、それぞれ遠足や校区探検が行われています。学校全体でも、音楽会や創作展(図工展)があります。待遠しいですね。みなさんは、力いっぱい準備や練習を始めていることでしょう。

そこで、今日はその力いっぱいの「力」についてお話しします。二つの力が大事だと考えています。

まず、一つ目は、「出す力」です。誰でも一人ひとり、自分なりの素晴らしい力を持っています。その力は目に見えにくいですが、毎日どんどん身についているのです。自分が持っている力をいろんな行事で、しっかり出してほしいのです。発揮してほしいのです。「自分が出す力」についてお話ししました。

★話のポイント
・個が光ると全体が輝く。全体がまとまることで、個が生きる。種々の行事で得た達成感、成就感、一体感が、日々の授業や学級活動を活性化する

二つ目は、「合わせる力」です。これは分かりやすいですね。みんなで力を合わせ、協力してがんばることです。音楽会では、みんなで大きな声で合唱したり、調和のとれた演奏をしてほしいです。創作展では、各クラスのテーマにそって、まとまりのある作品に仕上げましょう。お父さんやお母さん、地域の方たちなど多くの参観者に、一体となって「みんなで合わせる力」を示してください。

二つの力、「出す力」と「合わせる力」は、車の両輪のようなものです。一人ひとりががんばって輝かないと、全体は見栄えがよくありません。また、全体がまとまっていないと、一人ひとりが光りません。

「自分が出す力」と「みんなで合わせる力」。この言葉は当たり前で、特別変わったことではありません。でも、「言うは易く、行うは難し」ということわざがあるように、実行するのはたいへんです。並大抵ではありません。

さらに、この二つの力は、ただ単に行事の時だけに必要なのではありません。日常の授業や学級活動に当てはまるのです。だからこそ、大事にしたいのです。この二つの力を頭に置いて、学校生活を送るように心掛けてみましょう。きっと今以上に、自分自身の良さやみんなの素晴らしさが見えてきます。そして、毎日の学校生活が楽しくて、充実したものになることでしょう。

（塚西　徹）

12 読書は頭と心の食べ物

★話のねらい
・読書によって、語彙が増えるだけでなく、想像力や思いやりの心が育つ

いよいよ秋本番がやってきました。昔から「読書の秋」といわれます。読書にはとてもいい季節ですね。ところで、みなさんは、どんな本が好きですか。小さな学年の人は、絵本とかおもしろいお話の本が好きかもしれませんね。高学年の人は冒険小説や夢が広がる空想小説が好きかもしれませんね。

わたしは、ドリトル先生シリーズが好きでした。動物と会話ができるドリトル先生が、いろいろな動物と旅をしたり、冒険をしたりするお話です。秋の夜に遅くまで夢中になって読んでいたのを覚えています。その時はまるで自分がそのお話の主人公のドリトル先生の助手になった気分で、一緒に旅をしているような気持ちになっていました。また、ドリトル先生の気持ちや動物たちの気持ちを想像してわくわくしたりしました。挿絵もありましたが、その絵じゃなくて自分で想像したドリトル先生が私の頭の中で今でも生きています。

ここで問題です。おうちの方も、先生方もよく「読書をしなさい」とみなさん

★話のポイント
・読書をすることを心の成長という観点で講話することで、子どもに新たな読書意欲を喚起させたい

に言いますね。どうして、読書をしなさいと言うと思いますか（何人かに答えてもらっても良い）。なるほど、言葉や漢字を覚えることができることもその一つですね。他にはありますか。

よく「読書は頭の食べ物」という言葉を耳にしますが、わたしは、「想像力が身に付くので読書をしましょう」ということもみなさんに伝えたいです。先ほど話したように、読書をすると自分の想像の世界が広がります。想像することはとても楽しいし、自分の世界が無限に広がります。そして、その思いを自分の言葉で書くと「読書感想文」になるし、絵に表すと「読書感想画」にもなりますね。

また、本の中に出てくる人の気持ちを想像することは、相手の気持ちを想像することですから、みなさんが大切にしている「相手を思いやる心」を持つことにもなると思います。

わたしは、「思いやり」は、まず相手の心を想像することだと思います。想像できる心の豊かさを身に付けてもらいたいです。その意味でも「読書は頭と心の食べ物」なのかも知れませんね。これからも読書をいっぱいしてください。同じような本をたくさん読むことも楽しいですが、いろいろな種類の本を読むことも楽しいですよ。しっかり楽しんでくださいね。

（田中　光）

13 見方で変わる「北風と太陽」

★話のねらい

・先入観や偏見こそが、相手の良さを見失う原因であることに気付かせる

今日は冬至です。1年で一番昼が短く、夜の長い日です。暖冬でしょうか、いつもの年より温かい1日でした。Tシャツ一枚で元気よく遊んでいる子もいましたね。このような時でも、冬は寒い、だからコートを着る。と決まった考えをもっていると、自分で衣服の調節をすることができません。

私はその様子を見て、イソップ童話の「北風と太陽」というお話を思い浮かべました。それは、北風と太陽が、旅人の着ているコートをどちらが先に脱がせることができるか勝負するというお話です。

先ず、北風が挑戦します。コートを吹き飛ばそうと懸命に強い風をふきかけました。「さあ、どうだ！」ところが、旅人は風を強くすればするほど、コートの前を必死で押さえます。とうとう上着を脱がせることはできませんでした。

今度は太陽の出番です。真夏のような暑い暑い光をいっぱいに旅人に注ぎました。すると、旅人は汗だくになりながら、コートを脱いだのです。この勝負は太

★話のポイント

・「北風と太陽」は、高学年には、コートは人の心を表し、心を閉ざしているときには強い言葉や力ではどうにもならない、という教えが効果的である

陽の勝ちでした。

このお話は、寒い北国のお友達ならばよく分かるでしょう。逆に1年中暖かい気候の土地に住む人は、干ばつや台風の心配をすることはあっても、北風に不安を持って生活する人はいないでしょう。それだけに、逆に当たり前のように降り注ぐ太陽のありがたさに気付かずにいる場合もあります。

みなさんにも、当たり前のように過ごしている毎日の中に、本当は素敵な宝物がたくさん詰まっているのに気が付かずにいることはありませんか。ああ、いやだな、と思っていたことでも、見方を変えると、本当は自分にとってとても素敵な事だったりしたことはありませんか。北風と太陽のお話もそうです。話の展開を変えて、逆に旅人にコートを着させる勝負だとしたら、どうでしょうか。圧倒的に北風の勝ちだったでしょう。

友達の良さを見つけることのできる人は、太陽の良さも北風の良さも分かる人です。厳しい寒さがあるからこそ太陽の恵みに感謝できる強い心をもっている人です。

1年の締めくくりの12月です。友達の良さをたくさん見つけてこの1年を終わることができれば嬉しいですね。

（大数見　仁）

14　見えないものが見える人に

★話のねらい

・友だちの心の中は見えるわけではないが、想像することによって、見えないものが見える人になってほしい

2月4日は「立春」です。まだ寒い日が続きますが、暦の上では春の始まりです。校庭の桜の木に近付いてよく見ると、すでに枝先に蕾を付け、来るべき春に備えていることが分かります。この桜は、蕾が膨らむばかりでなく、これから日増しに開花が近付くにつれて木全体からほのかに桜色の匂いが漂ってきます。桜は、1年中開花の時期が来るのを待ちながら生命の色をじっと蓄えているのです。

日本の伝統的な技術を受け継ぐ染織家のお話によりますと、木の皮や枝を煮出すことでほんのり桜色をした染め物をつくることができるそうです。しかし、同じ桜の樹皮や枝でも9月ころの桜では、きれいに染まらないそうです。開花前の3月ころの桜でなければ匂い立つような桜色に染まらないと言います。

私たちの身の周りには、見ようとしなければ見えないこと、心を傾けなければ見えないことがたくさんあるのではないかと感じます。

ところで、これは何でしょう。（写真提示）これは空を飛ぶ鳥の写真です。空を

★話のポイント

・本来人間は支えあって生きる動物である。人間本来のよさを生かし合って、みんなが幸せに学校生活を送れるようにさせたい

飛ぶ鳥たちは、動物界で一番目がいいといわれています。特に、鷲や鷹の猛禽類は優れており、見ることに関する視細胞の数が人間の八倍近くもあるそうです。ですから何百メートルの高さからでも餌を見つけて急降下して捕まえることができます。

これはみなさんの家でも家族のようにかわいがっている犬です。犬には人間には聞こえない音が聞こえるそうです。犬は、人間には聞こえないような野生の小動物が発する高い鳴き声を聞き取り、獲物の居場所を素早く発見するために聞く能力が発達したと考えられています。

人間は努力しても、鳥のように見えるわけでも、犬のように聞こえるわけでもありません。しかし、私たち人間が優れていることの一つが「〇〇ではないか」と想像することができるところだと思います。心を働かせて想像すると、無いものが有るように見えるし、友だちの心の中の声でさえ聞こえるように感じられます。これは人間に備わった能力です。

このように、相手の気持ちを想像し、さらに勇気を出して行動することを「思いやり」と言うのだと思います。近くに寂しい思いをしている友だちはいませんか。ぜひ、心の目を働かせ合って見えないものも見つめてみましょう。

（渋谷　修造）

15「別れ」と「成長を確かめる」3月

★話のねらい
・3月は慌ただしく過ぎていくが、別れを惜しむと同時に自分の成長を自覚する大切な時期であることを意識させる

昔からのことわざで、「1月は行く、2月は逃げる、3月は去る」ということばがあります。これは「1月は正月があり忙しく、2月は元々28日で普通の月より短く、3月は年度末でやることが多い。だから日が過ぎるのがはやく感じる」といった意味です。私も、ついこの間、みなさんに新年のあいさつをしたと思ったら、もう3月がやってきたなあと感じています。

私は、3月は「別れ」と「成長を確かめる」月だと思います。

別れとは、6年生にとっては小学校の学舎、先生方やかわいい後輩たちと、そして5年生から1年生までのみなさんにとってはお世話になった6年生との別れです。思い起こすと、1年生は入学式から始まって、いつも6年生のお兄さんお姉さんにお世話になりました。また、2年生から4年生までのみなさんも、いろいろな場面で6年牛の頼もしい姿を目標にしてきたことでしょう。そして、5年生は身近な先輩として、お手本として接していたと思います。いよいよ卒業式の

★話のポイント

・自分自身が成長したことを自覚させることで自尊感情を醸成させ、さらに、結果ではなくて努力し続けることの意義を示したい

月がやってきました。6年生のみなさんはこれまでの小学校生活の集大成として、また旅立ちの節目としての卒業式に向かって、心を一つに頑張ってください。5年生以下の在校生のみなさんは、その6年生が気持ちよく卒業していけるように、感謝の心で卒業式に参加しましょう。

もう一つは成長を確かめる月だと思うのです。みなさんの、この1年間の成長は目をみはるものがあります。その成長を先生方や友だち同士、そしておうちの方とともに確かめてください。たとえば、自分が思っていたテストの点がとれたこと、25メートル泳げたこと、友だちが増えたこと、掃除が上手になったこと、毎日休まず学校に来られたことなど、いろいろあると思います。確かめていくうちに、やろうと思っていたことができなかったことに気づくかも知れません。それでもいいと思います。また挑戦すればよいからです。目標をもって努力し続けることが一番大切だと思います。いつもめあてをもって成長し続ける人になってください。

ここでことわざをもう一つ教えましょう。それは「終わりよければすべてよし」です。これは「ものごとは最後の締めくくりが大切である」という意味です。

学年の締めくくりの月として頑張りましょう。

（田中　光）

16 笑顔のあふれる明るい学級をつくろう

★話のねらい
・新しい学級のスタートにあたり、仲間や思いやりの大切さを意識させる

校庭の桜の花も満開となりました。今日から〇〇年度がスタートします。「がんばるぞ」「やるぞ」という思いでこの始業式に臨んでいることと思います。今のこの新鮮な気持ち、決意を忘れずに新しい学級、学年で力を発揮していってほしいと思います。

新しい学級が発表になりました。あとで新しい担任の先生、学年の先生を紹介します。ぜひ、新たな出会いを大切にしてください。縁があってこの三中に在籍し、同じ学年になり、同じ学級になったかけがえのない仲間、先生方だと思います。この縁、出会いを大切にしていきましょう。学校生活の中心はそれぞれの学級です。その学級が一人ひとりにとって居心地の良い、安心できる場であってほしいと思います。そこで、これからの学級づくりでみなさん一人ひとりに心がけてほしいことをお話しします。

一つめは、友だちのために役に立つ人になってほしいということです。まず、

★話のポイント
・学校生活の中心は学級である。出会いを大切に、一人ひとりに居心地の良い、楽しい学級をつくりあげていくという意欲をもたせる

自分に与えられた係の仕事、当番、日直の仕事などにしっかりと責任をもって取り組むことが大切です。新しい学級で一人ひとりが自分の役割を自覚し、仲間のために進んで責任を果たし、みんなの役に立つ人になってほしいと思います。

二つめは、仲間の良さを見つけ、認め合える人になってほしいということです。学級の仲間一人ひとりにそれぞれの良さがあるはずです。とかく、人の悪いところばかり目につき、良いところを認め合うことがおろそかになりがちです。お互いの良さや違いを認め合い、尊重できる人になってほしいと思います。

三つめは、思いやりのある言葉、優しい言葉を大切にしてほしいということです。この1年、私たちは台風や川の氾濫による水害などから多くのことを学びました。その一つが「思いやり」「絆」「助け合い」といった人の優しさだと思います。「みんなで力を合わせて乗り越えよう」「共に支えあい、共に生きよう」といった言葉に励まされ、勇気をもらいました。思いやりのある言葉、優しい言葉があふれる学級にしてほしいと思います。

これからの1年間、いっしょに生活していくうえでいろいろな困難な場面があると思いますが、力を合わせ協力して乗り越え、笑顔のあふれる明るい学級をつくっていってください。

（飯野　博史）

17　お天道様が見ている

★話のねらい
・学校では、何か物が壊れても、壊した者が正直に名乗り出ないために、だれが壊したか分からないことがある。自分を偽らない生き方をさせたい

晴れわたった空のまぶしい季節になりました。この季節になると、私がいつも思い出す言葉があります。それは、「お天道様が見ている」という言葉です。

「人が見ていなかったら、何をしてもいいのではない。人はごまかせても、お天道様はごまかせない」これは亡くなった祖母の口癖でした。「お天道様って、太陽？　神様？　だれ？」小学生の頃は、何のことかまったく分かりませんでした。でも、今はその言葉を大切にしています。それは、あることがきっかけでした。

中学1年生になったばかりの私は、連休中に友だち数名と一緒に電車に乗って遊園地に遊びに行くことになりました。子ども同士で遊びに行くのは初めてで、何日も前からわくわくしていました。ところが、とんでもないことが起きました。

当日、私服で電停に集合した私たちのうちの1人が、突然、「今日は、子ども料金で行こう」と言い出したのです。私は嫌だなと思いましたが、それを口に出して言えず、結局その提案が決まってしまいました。そのため、電車に乗っていて

★話のポイント

・「お天道様が見ている」。人が見ていなかったら、何をしてもいいのではない。人はごまかせても、お天道様はごまかせない。自分自身はごまかせない

も、私はずっと落ち着きませんでした。そのうち、車掌さんから「あなたたちは、本当に小学生？」と言われそうで、びくびくしていました。話の内容を聞かれても困ると思い、電車の中では、だれもほとんど口を聞きませんでした。無事に遊園地に着いた後も、帰りの電車のことが気になって、憂欝でした。せっかくあんなに楽しみにしていたのに、もう散々でした。

その時、これがいつも祖母の言っていた「お天道様が見ている」ということだなと実感しました。だれも見ていないということはありえない。いつも私を見ている人がいる。私を照らしてくれている人がいる。それが、「お天道様」なのだと。それに、第一、自分自身が一番よく知っていることだと。

私にとっての「お天道様」は、長い間ずっと亡くなった祖母でしたが、今は自分自身のような気がしています。ただ、そんな存在が自分自身の中にいることを誇りに思います。

みなさんの心の中にも、いつも自分を見てくれている、照らしてくれている「お天道様」がいますか。もしいない人は、かわいそうな人です。そういう人は、自分をごまかして生きていかなくてはなりません。これからでも、遅くはありません。どうか心の中に私だけの「お天道様」を住まわせてあげてください。

（江口　恵子）

18「見ると視る」と「聞くと聴く」

★話のねらい

・1年間を過ごしていく上で、ものの見方、聞き方について知らせる

五月晴れと言いますが、爽やかな風とともに気持ちのいい季節になってきました。ゴールデンウィークも終わり、いよいよ本格的に新しい年度が始まっていく季節でもあります。新しい学年を過ごしていくための準備期間が終わったと思いますが、みなさんは何を見、何を聞いてきたのでしょうか。1年生のみなさんに質問します。君たちが毎日利用している階段は、1階から2階まで何段あるかわかる人はいますか?意外に普段利用していても気づかないことってありますよね。

今日は私の経験したことをお話したいと思います。ある時、友人と話をしていると、「今度引越しをすることになった。そこは電停の近くで便利のいいところで、学生時代住んでいた所のすぐ近くだ」と言いました。私も以前その近くに住んでいたので「そこのビルの一階には本屋さんがあるだろう」と質問しました。するといいや、うどん屋はあるけど本屋はないよ」と言います。私は、位置的には間違いなく本屋があるビルのはずなのにと、納得できませんでした。

★話のポイント
・普段の何気ない風景の中に多くの学ぶことがある、ということを意識して生活を送ってほしいということを話す

そこで、その場所に案内してもらいました。やはり自分の思っていたとおり、本屋がありました。ところがその友人の言っていたとおりうどん屋もあったのです。しかも並んで。私たちは顔を見合わせて大笑いしました。私は本に興味があり、そこしか見ていなかった。その友人はその当時腹が減ってよく行ったうどん屋しか見ていなかった、ということです。

何気なく「見て」いることと、意識して「視て」いることは違います。我々は、何気ない普段の生活の中で、多くのものを見ています。しかし、何を見ているのかはその人の興味関心が大きく関わっているようです。見た、見たといってもその人の興味関心が違えば、見ていることも違うのです。普段通学で毎日通っている道筋でも、視界には入っていても「見て」いないことがよくあります。見ているはずなのに見ていない。同じことは聞くことにも当てはまります。聞いているようで聞いていない。これも自分の興味関心に左右されます。人間の脳は、自分の知りたいことには反応しますが、それ以外は流しているようです。視点が違うと受け取り方も違ってきます。会話をする時はそのことを頭に入れておくことが大切ですね。普段何気なく見ているものでも、意識してみると違ったものが見えてきます。時には「視て」「聴いて」、視野を広げるようにして下さい。

（川﨑　肇）

19 幸せへの道しるべ

★話のねらい
・1年間をどのような気持ちで頑張ればよいか見通しを持たせる

5月に入り、爽やかな青葉の季節となってきました。これまで、新年度が始まって約1月、各クラスでは新しい仲間にも馴染んできた頃かと思います。

さて、みなさんが、幸せだなあと思うのは、どんな時でしょう。例えば、成績が上がった時や、部活で表彰された時など、沢山あると思います。私は、本当に幸せだと感じられる時は、「家族がみな仲良し」「クラスがみな仲良し」「世界中がみな仲良しで平和である」時だと思っています。反対に、けんかや争いごとが多いのは、本当に嫌なことです。気持ちが暗くなり、やる気がなくなります。そんな時に話を聞いてみると、トラブルを起こそうとは思っていないことが多いことが分かります。それは、みなどこかに自分勝手や無理解、間違った思い込みがあるからだと感じています。また、個性尊重ということが少し誤解され、わがままを個性的と言ったり、自分ばかりを大切にすることなども原因であると思います。

では、どうすればよいか。私が考えるみなが幸せになるための三つの道しるべの話をします。その第一は、何かあった時、先生や大人、先輩からアドバイスを受けることがあります。その時、「ああ言われた、こう言われた」と批判したり、自分勝手に思い込んだりせず、謙虚に聞くことがまず大切です。第二の道しるべは、自分の夢実現に向けてやるべきことを本気でやることです。結果ばかりを気にすると心が萎縮してしまいます。結果は余り気にせず、一途に頑張ることです。大切なのは、「よしやろう」という気持ちを持ち続けることです。そうすると、いつの間にか成績が伸びたり、自分に良いことが起きてきます。そして、不平や不満ばかりを言っていた自分を反省できるようになります。こんな気持ちになったら本物です。第三の道しるべは、互いを思いやる気持ちをもつことです。仲間には、勉強が得意な人、スポーツが得意な人、自分に厳しくできる人、心の優しい人などいろいろな特徴や個性をもった人がいます。そして、みなそれぞれに頑張ろうとしています。怠けている人は頑張ってもらわないとだめですが、みな頑張っていることを互いに認め合い、相手の立場も考えながら生活してほしいのです。

自己主張ばかりではなく、思いやりのある集団になると、楽しみは十倍に、苦しさは十分の一になります。これが、本当の幸せです。これを、最終目標にして、今年1年間で素晴らしい仲間やクラスを創っていってほしいと願っています。

（篠原　邦雄）

★話のポイント

・自分、そして自分が所属している集団、クラス、仲間のみんなが幸せになるには、どうすればよいか、どのように生きていったらよいかを気付かせ、望ましい集団作りに繋げたい

20 五十年ぶりの級友との再会

★話のねらい
・奇跡的な確率で出会った級友の存在を認め、いじめのない学級集団であって欲しいことを理解させる

ある学者によると、1人の人間が生涯に会うことのできる人の数は、約三千人だと言われています。世界の人口がおおよそ六六億人ですから、人と人との出会いは二二〇万分の一の確率ということができます。これはまさに奇跡的なことです。私は、この奇跡的な出会いを五十数年ぶりに再び果たしました。それは、私が小学校2年生から4年生までの3年間通った学校の同窓会でした。

4月初旬、一通の封書が職場に届きました。封書には心を込めた同窓会の案内文が入っていました。私は、懐かしさで、数名の発起人の名前を何度も何度も読み返しました。幾度も幾度も読んでいるうちに、イガグリ頭やお下げ髪の幼い級友の顔が脳裏に浮かんできました。

数か月後、同窓会は予定通り、母校の在る島で開かれました。島に住んでいる人はもちろん、関東や関西、九州各地に在住している人も出席しました。半世紀ぶりに会った級友の顔には、それぞれの人生が刻まれているように感じられまし

★話のポイント
・級友との友情は永遠であるという思いで、学校生活を送って欲しいことを話す

た。そのせいか、お互いの紹介が終わるまで相手が分かりませんでした。名前が分かってからは、○○君、○○さんと呼び合い、瞬く間に五十年の時を超え、心は少年少女に戻りました。経済成長の波が十分に届いていなかった当時の島の生活は、決して豊かではありませんでした。しかし、人と人との心のつながり、きずな、思いやりは有り余る程の環境にありました。

そんな環境で育った級友の談笑する姿を見ながら、私は、数日前の新聞の投稿記事を思い出していました。「安らかに」という題の投書は、「先ごろ故郷で行われた還暦同窓会でN君の死を知った」という一文で書き始められ、いじめに苦しんだ病弱のN君への思いと、守ってやれなかった悔恨を綴ったものでした。そして、「同窓会でかつての悪童どもを探したが不思議と誰一人来てはいなかった。会いたくなどなかったが……。N君、弱い体で人生大変だったろう。あの世にいじめはないよな」と、文章を結んでいました。私は、級友に恵まれたこと、いじめはいつまでも心の傷となって残ることを改めて感じました。

翌朝、陽が昇る前に宿を後にする私1人を、級友たちは、「また、会おう」と見送ってくれました。去りがたい思いと、ほのぼのとした幸せを胸に、私は車中の人になりました。そして、友情が永遠に続くことを祈りました。

（丸山　屋敏）

21　笑顔の伝染

★話のねらい

・自らの笑顔で周囲との関わりを持たせ、社会性と情緒の安定を図る

夏休みに入って、みなさんはどんな生活をしていますか？部活に参加し汗を流す人、自分の目的に向かい努力を続ける人、趣味に没頭する人、あるいはなんとなく日々を過ごす人、様々な夏休みの過ごし方をしていることでしょう。今日の登校日に、みなさん一人ひとりの元気な顔を見ることができて大変うれしく思います。

さて、顔と言えば、人と動物の違いの一つが「笑顔」だと聞いたことがあります。人間は、生理的に暗いものを嫌い、明るいものを好むのだそうです。笑顔は人間がもつ大きな明るい光ですから、疲れている時笑顔を向けられるとほっとした気持ちになり、悲しみさえ太陽のような笑顔で救われることがあるでしょう。笑顔を作れるのが人間だけだとしたら、これはまさしく人間が幸せに生きる天の采配というものでしょう。

先日こんなことがありました。ある方が私に「先生の学校の生徒さんはいつも笑顔であいさつしますね」と、満面の笑顔で伝えてくれました。それを聞いた私

★話のポイント
・笑顔を周囲に伝染させることによって周囲との関わりを意識させ、能動的な社会性が身につくようにする

もうれしくて思わず大きな声で「ありがとうございます」と応えましたが、そのとき私の顔は喜びを笑顔で表していたはずです。まさしくこの出来事は笑顔が人から人へ伝わっていくものだということを教えてくれています。みなさんの笑顔がその方へ、その方の笑顔が私に、そしてこの話を聞いているみなさんの顔も笑顔になっているのではないですか？「ミラー効果」と呼ばれる笑顔の伝染です。

まず、自分が笑顔になること。そうして周囲に笑顔を伝染させて幸せにすることと。みなさんの笑顔がどんどん広がっていくのです。夏休みは家庭や地域の人と過ごすチャンスです。周囲の人に笑顔を伝染させてみましょう。自分の笑顔が相手に伝染したら自分もうれしくなりますね。

笑顔はまた、プラス思考の元でもあります。「規則正しい生活をしよう」と始まった夏休みも、だんだんと気持ちがだらけてくる頃です。学校が始まれば自由な時間がなくなってしまうようなマイナスの気持ちになってしまうこともあるでしょう。しかし、楽しい、うれしい、喜び……そんなときの表情は必ず笑顔ですから笑顔で過ごしていれば考え方もプラスの方向に向くはずです。

こう考えると笑顔はいいことばかりです。残りの夏休みを笑顔で過ごし、新学期にはみなさん全員が元気な明るい顔でスタートしてほしいと思います。

（浅松　三平）

22 大きな「金平糖」になろう

★話のねらい

・夏休みの経験を生かして、これからしっかり学校生活を送っていこうとする気持ちを育てる

長い夏休みが終わって、みなさんが元気に学校に来てくれたことをうれしく思います。夏休み中は、それぞれいろいろなことをしたと思います。海や山に遊びに行った人、田舎のおじいちゃんやおばあちゃんに会いに行った人、スポーツ少年団の合宿、子ども会の行事など普段はできない体験をした人もいることでしょう。

ところで、みなさんは「金平糖」というお菓子を知っていますか。イボイボが周りに飛び出している星形の砂糖菓子です。「人間は、金平糖のようなものだ」ということを聞いたことがあります。どういうことかというと、人間は、いろいろなところをつまんで引き出しながら育っていくという意味です。国語や算数の勉強を頑張れば、算数や国語の力が伸びて突き出てきます。水泳を練習して泳げるようになれば、そこが伸びます。そうやって、あっちをつまんで引き出し、こっちをつまんで引き出すというようにしていけば、金平糖は少しずつ大きくなっていきます。人間は、そうやって大きく育っていくのだそうです。

★話のポイント

・「よく学び、よく遊べ」という言葉がある。メリハリのある学校生活へと子どもたちを促すように、明るい雰囲気で話す

何か一つだけ頑張っても、大きくて形のよい金平糖にはなりません。勉強も、友だちと夢中になって遊ぶことも、スポーツをすることや家のお手伝いなども形のよい金平糖をつくるためには大切です。

ラグビーのワールドカップ日本大会に出場した日本代表チームの活躍は、みなさんもテレビで見たことと思います。世界の強豪チームを相手に堂々と戦って、決勝トーナメントまで勝ち進みました。あの選手たちのように、世界に通用する選手になるためには、ラグビーがうまいだけでは駄目で、好き嫌いなく食事をすること、きちんとした服装で礼儀正しくあいさつができること、自分の考えをはっきりと話し、仲間とともに問題を解決できること、そして自分で判断できることなどが大切だと、日本代表の選手を育ててきた方が言っていました。また、外国でプレーする選手は、最低でも英語が話せなければなりません。本当に大きな金平糖でなければ、日本代表選手にはなれないのです。

みなさんが、夏休み中に経験したことは、きっとみなさん一人ひとりの大きな金平糖づくりに役立っているにちがいありません。夏休みに蓄えたエネルギーを、今日からの学校生活に役立たせるとともに、毎日の生活を通して、ますます大きな金平糖になるように自分をしっかり育てていきましょう。

（工藤　昌明）

23　義務を果たす

★話のねらい
・集団の中で自分の役割を果たすことの大切さを伝える

さわやかな風に誘われ思わず空を見上げると、そこには空いっぱいのいわし雲。ふと目を落とすと、土手に赤い彼岸花が咲いていました。いつの間にか、秋がもうそこまでやってきているのですね。

さて、今週の土曜日には生徒会が考えたテーマのもと、「みんなで力をあわせて一つのことをやり遂げることの喜びや楽しさ」を味わうことをめざした運動会があります。みなさんは運動会をどのような姿勢で迎えようとしていますか。私はみなさんに、ネルソン提督の言葉を借りて「義務を果たせ」と言いたいと思います。

ホレーショ・ネルソン提督。彼は、フランス革命時代の1805年、トラファルガーの海戦でナポレオンが派遣したフランス海軍を撃破し、イギリスの独立を守った海軍指揮官です。この戦いは、当時「太陽の沈むことのない大英帝国」と呼ばれ、世界に君臨していたイギリスが絶体絶命の危機に直面した戦いでした。

歴史に「もし」はありませんが、もしこの戦いに敗れていれば、イギリス本国に

★話のポイント

・歴史上の人物を取り上げて、運動会への士気を高める構成にした

フランス国旗がはためいていたでしょう。この戦いで、ネルソン提督が乗組員に発した言葉はたった一言、「England expects that everyman will do his duty.（英国は各自が己の義務を果たすことを期待する）」でした。乗組員はネルソン提督の命令を忠実に実行し、フランス陸軍のイギリス進入をドーバー海峡で阻止する歴史的大勝利をつかんだのです。

本校伝統競技に「X人Y脚」や「みんなでジャンプ」「全校ソーラン」があります。この種目は、一人が失敗すればすべて終わりです。だから、練習も誰一人欠けることなく、団結して心を一つにしなければ成功しません。もっと寝たい気持ちを抑えて参加しなければならない早朝練習は、まさに「義務を果たす」自分との戦いです。みなさんがその辛さを乗り越え義務を果たすことができたら、見事に調和した素晴らしい演技が披露でき、見てくれた保護者や地域の方々に感動と勇気を与えることでしょう。この運動会を通して心を一つにするすばらしさを味わってください。土曜日は、天の神様も頑張っているみなさんの姿を見て、きっと今日のような青空を与えてくれるでしょう。ネルソン提督はこの戦いの勝利がほぼ見えた時、フランス軍の銃弾に当たり、「I have done my duty.（余は自分の義務を果たした）」と言って息を引き取りました。

（中西　宣二）

24「中秋の名月」から学ぶもの

★話のねらい

・「無月」という日本独特の考え方から、「見えないものの価値」に気づかせる

9月になりました。みなさん一人ひとりの日焼けした顔には、充実した季節を過ごした証を感じます。新しい学期です。周りの自然は、私たちの生活の変化に合わせ、不思議と急激に変化しています。学校の周りには、間もなく、切れ間なく続く黄金色の豊かな実りの海が出現するでしょうし、大気も、ジメジメしたうっとうしいものから、スキッとした、まさに「秋」にふさわしいものへと変化していきます。「天高く馬肥ゆる秋」とは、昔の人の名言、そんなすがすがしい季節の到来です。

さて、俳句の話。秋の季語には「月見」「中秋の名月」というものがあります。秋の風物詩には、この「月見」が欠かせません。「月見」とは元来、その年の満月（中秋の名月）を愛でる行事です。今年の中秋の名月は9月13日だそうです。この行事は、古来、夜、月が見える場所に、ススキを飾り、月見団子や里芋その他、及び御神酒などをお供えして月を愛でるものです。これは、この時期はちょうど、

★話のポイント

・外に表れない価値。特にコミュニケーションの方法として、非言語的な手段の占める割合の高さから、「見えないものの価値」、特に「心」や「思い」を大切にする心を育てる

その年の作物の収穫が終えた時期に重なるため、収穫の感謝としての行事と捉えられています。みなさんの家でも行っているでしょうか。

しかし、そのように準備した大切な「月見」の行事も、空が晴れて美しい満月が見えるとは限りません。ある年には雲でその姿が見えなかったりもするでしょう。日本人の優れた風流感覚は、見えない月を「無月」と呼び、たとえ月が見えなくてもその取り巻く状況や雰囲気から月そのものの姿を捉え、味わい深く「侘び、寂び」を楽しんできました。

「見えないものの価値」。私たちは日常、様々なものを目で見、耳で聞き、鼻で嗅ぎ、舌で味わい、指先で確かめます。外に表出されないもの、或いは裏側にある奥深い意味、そんなことを「無月」という言葉は気づかせてくれます。外には見えない「心」や「思い」。相手に伝わるコミュニケーションの方法は、言語的手段が三割、非言語的手段が七割といいます。伝え手の、瞳や動作、醸し出す雰囲気がその人の意志を伝える度合いが高いということです。言葉の大切さはもちろんです。しかし、みなさんには、例えば言葉には表れない「見えないものの価値」、その人の悲しみだったり、辛さだったり、謂わば真の「心」や「思い」をも大切にする人になって欲しいと思います。

（松崎　直臣）

25「ワン・フォー・オール」の心を持って！

★話のねらい
・縦割りでの取組をより感動的なものにするためには、「ワン・フォー・オール」の心で臨むことが大切である

長い夏休みを終え、いよいよ2学期が始まりました。それとともに秋を迎えます。スポーツ、芸術、読書、食欲など、秋を形容する言葉はたくさんありますが、本校では、「体育祭の秋」であり、「合唱コンの秋」であると思われます。学級が結束し、学年を超えた縦割り集団による熱い競い合いが展開される、この二大行事こそが2学期のメイン・イヴェントに他ならないと思います。

昨年もこんな素晴らしい光景に出会いました。体育祭の表彰も終わり閉会を迎えました。その時、各縦割り団が自然発生的にグラウンドに再び散らばり、それぞれが大きな円陣を組みました。そして、3年生の団長を中心にしてお互いの健闘を讃え合うエールが響き合ったのです。もはや体育祭の取組成績に関係なく、団員に感謝を述べる団長、それに呼応する団員たち、お互いに肩をたたき合い涙する姿は、ノー・サイドの選手たちのまさに感動的な風景でした。

ところで、みなさんは「ワン・フォー・オール、オール・フォー・ワン」とい

★話のポイント

・「ワン・フォー・オール、オール・フォー・ワン」の言葉に込められた意味を知り、この言葉の精神を忘れず団結し、悔いを残さないよう頑張ってほしい

う言葉を知っていますか。「1人はみんなのために、みんなは1人のために」と訳されています。この言葉は、ラグビーのチームプレイの精神を表す言葉として有名ですが、その語源はラグビーからではなく、フランスの作家アレキサンドル・デュマの小説『三銃士』の中で、ダルタニャンと三銃士の誓いの言葉として登場しています。ラグビーでは、メンバーそれぞれに役割があり、チームのためにひたすら耐えながらスクラムを組む人もいれば、パスを回して華麗なステップを踏んで走り抜けトライをする人もいます。しかし、チームの得点はトライした人だけがエライのではなく、みんなが協力してゲットしたという気持ちが強いように感じます。この言葉は、「自分はチームのために責任を持って精一杯自分の役割を果たすぞ」という思いと同時に、「チームが自分を必要としてくれている。1人でも欠けたらダメなんだ。自分はみんながいるからこそチームの一員として頑張れるんだ」という気持ちを大切にした合言葉ではないかと思います。

今年も体育祭や合唱コンクールなどで、一人ひとりが「団」や「学級」というチームのために自分のよさを生かしながら、かけがえのない感動を味わい、実りの秋をみんなで創出してもらいたいと思います。「ワン・フォー・オール、オール・フォー・ワン（One for all, all for one）」の心を持って！

（三上　英夫）

26 文化祭に寄せて

★話のねらい

・生徒たちのこれまでの努力を称え、行事本番への意欲付けを図る

今日は、本校の文化祭です。生徒のみなさんは、小学校の時、学習発表会と呼ばれていた行事を経験してきたことと思います。この学習発表会と文化祭の違いは何でしょうか。小学校では学習発表会、中学校では文化祭と、単に学校段階の違いで、行事名を使い分けているのではなく、行事名に使われている言葉が違うということは、その行事のねらいや内容が異なることを意味しています。「読んで字のごとく」とらえれば、学習発表会は、日頃の学習の成果を発表する会であり、文化祭は、文化の祭典です。

では、文化の祭典の「文化」とは何でしょうか。『広辞苑』には、「人間が自然に手を加えて形成してきた物心両面の成果」と書かれています。(「物」「心」と書かれたパネルを見せながら)「文化」とは、人間が作った物と心、両方の成果。つまり、物質的な成果・実績だけでなく、心の成長をも含んでいるということです。

さて、いよいよ、○○中学校第○回文化祭の始まりです。

★話のポイント

・「心の成長」から、目に見える部分が稚拙でも試行錯誤しながら、自分たちの力で作り上げた目には見えない過程の大切さを伝える

ご来賓のみな様をはじめ、地域の方々並びに保護者のみな様には、ご多用中にもかかわらずご臨席をいただき本当にありがとうございます。生徒たちは、限られた時間の中、試行錯誤しながら今日の日を迎えました。未完成の部分もあると思いますが、これまでの準備や練習の過程での、目には見えない心の葛藤・心の成長の部分を想像していただき、励ましの言葉をかけていただければ幸いです。

生徒のみなさん、みなさんはこれまで、今日の行事を文化祭と呼ぶにふさわしい、本校の文化を作り上げてきました。そう感じるのは、これまでの学級やグループでの練習や作品づくりに、生徒のみなさんの心の成長が感じられるからです。ある学級では、合唱の練習の途中、男女で意見の対立が起こり、練習がうまく進まないことがあったと聞きました。あるグループでは、新聞づくりで歩調が合わず、活動が止まってしまったと聞きました。そして、その困難を自分たちの力で乗り越えて今日の日を迎えました。こういう経過があったからこそ、心の成長があり文化が生まれたのです。

では、これから始まる文化祭が、今日1日の活動の中でも、みなさんの心の成長を伴い、名実ともに本物の文化祭となることを楽しみにするとともに、文化祭実行委員会のみなさんのこれまでのがんばりを称え、挨拶と致します。

（水野　達雄）

27 幸福の王子～ほんとうの愛とは～

★話のねらい
・思いやりやボランティア精神を教える

ツバメが南に帰る支度を始めています。ツバメを見るたびに思い出す話があります。オスカー・ワイルドという作家が書いた『幸福の王子』という小説です。

――ある街の高台に「幸福の王子」の像が立っていました。全身は金箔でおおわれ、両目には青いサファイア、腰の剣の柄には赤いルビーが輝き、心臓は鉛でできていました。とても美しい王子は街の人々の自慢でした。

秋も深まった頃、一羽のツバメが王子の像の足元にとまりました。故郷のエジプトに帰るつもりでしたが、仲間に遅れてしまったのです。

ツバメは王子が涙を流していることに気づきました。王子は、像になって高いところから街を見渡してはじめて、街の至るところに不幸な人々がいることを知り、泣いているのでした。そして王子はツバメにお使いを頼みました。

ツバメは、病気の子どもを抱え、医者に診せることもできない貧しい母親のもとに剣の柄のルビーを届けました。

★話のポイント
・悲しみに共感することの大切さ
・無償の愛、献身、高貴な精神
・王子やツバメの気持ちになって考える

急いで南へ旅立つつもりだったツバメですが、翌日も王子から頼まれました。貧しさから空腹で気を失いそうな若い劇作家に片方の目のサファイアを届けました。戻ってくると今度は、売り物のマッチを全部溝に落として泣いている幼いマッチ売りの少女にもう片方の目のサファイアをもっていくように頼まれました。

ツバメは、「そんなことをしたらあなたは何も見えなくなるじゃないですか」と断りましたが、王子は言ったとおりにしてほしいと懇願しました。ツバメは残った片方の目からサファイアをえぐり出して運んでいきました。

王子は、ツバメにもうエジプトに帰るようにいいましたが、ツバメは「あなたはもう何も見えないので、私はあなたといっしょにずっとここにいます」と言いました。そして、ツバメが街で見たことを話してあげました。街にはたくさん不幸な人がいることを知った王子は、体の金箔を一枚ずつはがしてもっていくよう頼みました。そうして最後には何も残っていない美しくない姿になりました。

やがて冬が訪れ、南の国に帰りそこねたツバメは寒さのために衰弱してきました。死期を悟ったツバメは最後の力をふりしぼって飛び上がり、王子にお別れのキスをしてその足元に落ちて亡くなりました。その瞬間、王子の鉛の心臓が音を立て二つに割れました。あとにみすぼらしい像が残っているだけでした。――

（花岡　萬之）

28 Nカードに学ぶ

★話のねらい

・社会に出た時に、適切な言葉遣いや態度がいかに大切なことかを気づかせる

（財布の中からカード1枚を取り出し）今日はこの1枚のカードにまつわるエピソードを話します。車を定期点検に出した時の話です。点検が終わって、整備士さんがロビーに座っていた私のもとに、点検状況を説明にやってきました。若い男の人で二十歳前後かと思われます。その場での私と整備士さんの関係は、「私はお金を支払って点検を依頼したお客さん、一方整備士さんは客にサービスを提供して、お金を得るという商売をしている人」ということになります。

さてみなさんが整備士さんであったらどのような姿勢で客に説明しますか？

その時の整備士さんは、ソファーに座っている私（客）に対し、立ったままの上から目線ではなく、腰を落とし片膝を付き、座っている私と同じ目線に立って説明をしてくれました。そして言葉遣いも大変丁寧でした。私がお客さんだからと言ってしまえばそれまでですが、その姿勢、言葉遣い等、接客態度に私は大変感心させられると同時に、それ以上にとても心地よい思いを感じました。

★話のポイント

・若い整備士さんとのかかわりの中から、生きる力として大切な言葉遣い・態度について考えさせる。接客時の実例ジェスチャーを示し、臨場感を出し考えさせたい

話は進んで、その整備士さんから整備の際に若干割引が効き、いくつかのサービスを受けられるカードの作成（仮にNカードとしましょう）を勧められました。当然相手も商売です。お客さんのサービスになると同時に、何らかの形で会社にとっての利益にもつながるはずです。つまり会員になるわけですので、作成には若干の経費がかかるわけです。普通なら「特に結構です」と断ったかもしれません。でもその時は説明を聞き、利用価値があるという判断と、実はそれ以上にその若い整備士さんの姿勢・言葉遣いに大変感心させられていましたので、「この整備士さんのために作ってもイイか」そんな気持ちになりました。つまり、その整備士さんの接客態度や言葉遣いが、お客さん、つまりそこでの私にカードを作らせるきっかけになり、会社の儲けにつながったわけです。

社会に出ると人との接し方や言葉遣いで、その人の評価が左右されるということが結構あるものです。みなさんは今、中学校で日々、国語、社会、数学等教科の勉強をしているわけですが、一方でいつか社会人になるためのそういった人との対応の仕方も大いに学んでほしいと思っています。

場に合ったふさわしい対応、言葉遣いができるとそれだけで相手に良い印象を持たれ、得する場面というのは意外に多くあるものです。

（富岡　洋文）

29 人に必要とされる存在になるということ

★話のねらい
・人に必要とされる存在、人に感謝される存在になろうとする気持ちを培う

誰にでも忘れられない出会いがあると思います。今日は、ある1人の若い警察官との出会いについてお話をしたいと思います。その警察官が話された、私にとってとても心に残っているお話です。

前の学校に勤務していた時でした。ある若い警察官が、東日本大震災にかかわって遠くの都道府県から、当時の陸前高田市の学校の隣にある施設に配置されたということで、学校に挨拶に見えました。丸刈りで頑強な体格ながら、警察手帳をきちんと示し、「何か困っていることがあったらどうぞご相談ください」と、丁寧な挨拶をされたのが印象的でした。

そして、二カ月ほどたった頃、同じその警察官の方が今度は「あと数日で元の勤務場所に戻ります」と、また挨拶に見えました。「遠くから本市のためにいろいろとありがとうございました」とお礼を述べたところ、「感謝しなければならないのは私です。私は、仕事でここに来たのです。給料をもらっているのですか

★話のポイント
・ある警察官の、人から感謝されたり、必要とされたりしたことが生きる上での大きな喜びにつながったという体験を紹介する

ら、上司から命令を受ければその仕事をするのは当たり前です。ですから、大変だけど、仕方がないなというような気持ちでここに来ました」と話されました。

さらに、「ここに来る前は、制服姿やパトカーを見れば、みんないやな顔をしました。しかし、ここでは出会う多くの方々から、『ありがとうございます』『ご苦労様です』という感謝やねぎらいの言葉をもらいます。手を合わせて合掌される方もいます。制服で歩いていても子どもたちが寄ってきて、一緒にキャッチボールをしたり、遊んだりもしました。パトカーも大人気です。人に感謝されること、必要とされることがこんなにもうれしいものだとは気づきませんでした。初めて、警察官になって良かったと感じました。だから、今感謝の気持ちでいっぱいなのです。ここに来て本当に良かったです」と、目に涙を浮かべながら話を続けました。聞きながら、私も思わず涙ぐんでいました。

多くの人にとって、自分が必要とされる存在であるということ、人から感謝される存在であるということ、これは大きな生きる喜びなのだと思います。「これから園児をパトカーに乗せます」と、笑顔で立ち去ったこの若い警察官の後ろ姿を見ながら、きっとこの警察官の方も、以前の勤務場所で、人から必要とされる存在となって仕事にあたっていくであろうと思いました。


（越　恵理子）

30　スポーツと心

★話のねらい
・技術や技能だけでないスポーツを通して得られる貴重なものがあることを知らせたい

昔々のことです。私は、かつてある大会で偶然にも優勝し、全日本の合宿に参加する機会を得ました。周りは、テレビや大きな大会で見かける一流選手ばかりで、ずいぶん肩身の狭い思いをしましたが、このような選手達と合宿できることに有頂天でした。しかし、1週間もするとサインねだりにも飽き、一流選手達の後光も色あせ、選手個々のいい面、悪い面が少しずつ見え始めてきました。

走り幅跳びのT選手は、世界の大会で活躍する一流選手で、私も憧れていました。しかし、合宿中に彼への思いは変わりました。むしろ、軽蔑をするようになりました。彼は、練習後一度も砂場や助走路を整備することはありませんでした。彼より少しだけ記録の劣る選手にやらせていました。彼は、まるで、強い選手イコールすばらしい人間だと思っているかのようでした。彼の言動にそれが現れていました。

私は、この合宿以後スポーツをすることの意義を考えました。「足が速ければ

★話のポイント
・中体連前、大きな大会を控えている時期、部活動が規律面で退行している時やシーズンオフなどにタイミングを見て話してやると効果的だと考える

偉大だろうか？　ボールが遠くに飛べばそれが偉いのか？　それだけで下級生や同級生に威張れるのか？　強ければ遅刻は許されるのか？　あいさつをしなくていいのか」と。

足の速さだけを言うのなら、私がかつて飼っていたわずか七〇センチたらずの柴犬の方が私よりはるかに速いですし、ましてやチータといった動物に比べたらどんな足の速いオリンピック選手だってかないません。しかし、だからといって、これらの動物にオリンピック選手やイチロー選手は「劣る」または「尊敬できない」とは誰も言わないでしょう。それは、多くの一流選手は、スポーツを通して人としてのマナーや賢さを身につけているからです。何も一流選手だけではありません。私たちだってスポーツを通してマナー、礼儀そして友達と共に汗を流すことのすばらしさを学びます。スポーツを通して人間的な成長をすることができるのです。

私たち人間と動物の違いはここにあります。私は、みなさんには、「こいつだったら、この先輩だったら心から声援を送りたい」といった下級生や同級生から尊敬される選手や先輩になってほしいと願っています。心からスポーツを楽しみ、スポーツを通して、礼儀、マナーや友情を身につけてほしいと願っています。

（山口　久芳）

31 守ってあげたい

★話のねらい
・誰かに守ってもらっていることに気づかせ、守る立場の自分を想像させる

2月は光の春と呼ばれています。その名の通り、他のどの季節よりも光の輝きにエレガントさを感じます。優しい光に包まれながら1年間慣れ親しんだ仲間との語らいは格別なものです。友情の絆をより一層深めてほしいと思います。

先日、新聞に次のようなエッセーが掲載されていました。

――雌のセントバーナード犬を飼い始めてから、もう9年余りが過ぎた。我が家にやってきた頃は、太ってころころしていて、まるでぬいぐるみのようだった。私を見上げた目に涙がいっぱいたまっていたことから、「涙《ルイ》」と名付けた。

9年が経ち、若かったころのパワフルなルイを知っている友人は「ルイもおばあちゃんになったね」と寂しそうな顔になる。

だが、私は違う。ルイが我が家にやってきた時、ブリーダーの方から言われた「この犬種の平均寿命は7歳ぐらいです。だから大切に育ててあげてください」の言葉に、私はうなずき、ルイを抱き上げ、耳元でルイにだけ聞こえるように言

★話のポイント
・記事を引用し、「守る立場」と「守られる立場」の視点を移動させ共感させる

葉にして誓った。「長生きしようね。私が守ってあげるから」。だから、平均寿命を超えて頑張っているルイが私には誇りに思える。一日一日を懸命に生きるルイの姿が私にも勇気を与えてくれる。きっとあの時、ルイも私に誓ったのかもしれない。「私もあなたを守ってあげる」と。

　このエッセーを読んで、私も思い当たることがたくさんありました。私の仕事は学校長として、みなさんを守り、社会人として胸張って生きていく力をつけることです。もちろん、その手助けをしてくださる先生方が直接みなさんを指導してくださっています。その先生方もしっかり守ろうとこの学校に赴任してきて誓いました。でも、よく考えると私は先生方にいっぱい守ってもらっています。だから、安心して仕事ができます。また、生徒のみなさんから、声をかけてもらうことで勇気をもらっています。このように、守ってあげていると思っている人に自分が守られていることは多いものです。

　みなさんは、一緒に暮らす同級生や先生達に守ってもらっていると実感することがありますか。また、自分が誰かを守っていると意識する言葉や行動がありますか。誰かに守られていることに気づくことと誰かを守る覚悟を決めることで、毎日の生活の中で見える風景が変わってくるかもしれません。2月の光のように。

（門戸　千幸）

人間関係をよくする話し方&例話

2020年1月5日　初版第1刷発行

編　著　　学校例話研究会©
発行者　　安部英行
発行所　　学事出版株式会社
〒101-0021　東京都千代田区外神田2-2-3
電話　03-3255-5471　http://www.gakuji.co.jp
編集担当　花岡萬之
編集協力　大越忠臣
表紙デザイン　岡崎健二
印刷・製本　研友社印刷株式会社

ISBN978-4-7619-2599-4　C3037　　2020　Printed in Japan